Compaixão Universal

Outros livros de Geshe Kelsang Gyatso

Contemplações Significativas
Novo Coração de Sabedoria
Caminho Alegre da Boa Fortuna
Novo Guia à Terra Dakini
O Voto do Bodhisattva
Joia Coração
Grande Tesouro de Mérito
Introdução ao Budismo
Como Entender a Mente
Viver Significativamente, Morrer com Alegria
Oito Passos para a Felicidade
Transforme sua Vida
Novo Manual de Meditação
Como Solucionar Nossos Problemas Humanos
Mahamudra-Tantra
Budismo Moderno

O lucro recebido pela Editora Tharpa com
a venda deste livro será direcionado ao
Fundo Projeto Internacional de Templos da NKT-IKBU,
de acordo com as diretrizes que constam
em *O Manual do Dinheiro*
[Reg. Charity number 1015054 (England)]
Uma instituição beneficente budista,
construindo pela Paz Mundial.
www.kadampatemples.org

Geshe Kelsang Gyatso

Compaixão Universal

SOLUÇÕES INSPIRADORAS PARA TEMPOS DIFÍCEIS

THARPA BRASIL

3ª edição 2007
reimpresso em 2015 e 2016

Título original:
Universal Compassion

Tradução e Diagramação: Tharpa Brasil

Dados Internacionais de Catalogação na Publicação (CIP)
(Câmara Brasileira do Livro, SP, Brasil)

Geshe Kelsang Gyatso, 1932-
Compaixão Universal / Geshe Kelsang Gyatso ; um comentário ao texto "Treinar a mente em sete pontos" do Bodhisattva Chekhawa ; Título original: Universal Compassion.
Tradução: Tharpa Brasil – 3. ed. – São Paulo : Tharpa Brasil, 2007.

ISBN 978-85-85928-27-8

1. Bodhisattva 2. Budismo - Tibete 3. Budismo Mahayana I. Título.

01-5228 CDD-294.3923

Índices para catálogo sistemático:

1. Budismo tibetano : Religião 294.3923
2. Compaixão : Budismo tibetano : Religião 294.3923
3. Treinar a mente : Budismo tibetano : Religião 294.3923

2016

EDITORA THARPA BRASIL
Rua Artur de Azevedo, 1360
05404-003 São Paulo SP Brasil
Fone: (011) 3476-2328

Índice

Ilustrações

Nota Editorial

Compaixão Universal é um comentário a um texto do século 12 sobre o treino da mente, intitulado *Treinar a Mente em Sete Pontos*, que foi composto pelo grande Bodhisattva tibetano Geshe Chekhawa. Os versos do texto raiz estão em negrito ao longo do livro, e o texto raiz completo pode ser encontrado no apêndice I. Espera-se que o praticante sério memorize o texto raiz juntamente com o sentido condensado do comentário, que estão no apêndice II.

Prefácio

Todo ser vivo tem um mesmo desejo básico – ser feliz e evitar o sofrimento. Até bebês recém-nascidos, animais e insetos possuem esse desejo. Esse tem sido nosso principal desejo desde tempos sem início, tem nos acompanhado o tempo todo, até quando estamos dormindo. Passamos a vida inteira trabalhando arduamente para torná-lo realidade.

Desde o princípio deste mundo, os seres humanos, em busca de felicidade e soluções para seus numerosos problemas, têm investido muito do seu tempo e energia na melhoria das condições exteriores. Qual foi o resultado disso? Em vez de terem seus desejos satisfeitos, o sofrimento humano continuou a aumentar, ao passo que as experiências de felicidade e paz foram diminuindo. Isso mostra claramente que precisamos encontrar um método verdadeiro para obter felicidade pura e nos libertar da dor.

Todos os nossos problemas e toda a nossa infelicidade são criados por nossa mente descontrolada e ações não-virtuosas. Praticando o Dharma, poderemos aprender como apaziguar e controlar nossa mente e como abandonar ações negativas e sua causa raiz. Dessa forma, alcançaremos paz permanente – a verdadeira cessação de todo o nosso sofrimento.

O supremo Dharma do treino da mente (*Lojong*, em tibetano) é um método incomparável para controlar nossa mente e revela o caminho principal que conduz à iluminação. Existem diferentes conjuntos de instruções de Lojong, como as instruções apresentadas em *Cem Práticas do Treino da Mente*. Este livro, *Compaixão Universal*, explica como pôr em prática as instruções de Lojong apresentadas pelo Bodhisattva Geshe Chekhawa no texto raiz *Treinar a Mente em Sete Pontos*. Os sete pontos são:

1. As práticas preliminares do treino da mente;
2. A prática principal: treinar as duas bodhichittas;
3. Transformar condições adversas em caminho à iluminação;
4. Como incorporar a prática dessas instruções.
5. Como medir o sucesso no treino da mente;
6. Os compromissos do treino da mente;
7. Os preceitos do treino da mente.

O primeiro ponto, as práticas preliminares, é a preparação para ingressar no caminho principal à iluminação, e o segundo ponto é o caminho principal propriamente dito. Os cinco pontos restantes são os métodos para completar o caminho principal.

Ter a oportunidade de praticar esse ensinamento precioso e profundo é infinitamente mais significativo do que receber todas as joias do mundo. Se compreendermos quão extremamente valioso é ler, ouvir, estudar, contemplar e praticar esse Dharma especial, faremos tudo isso com grande fé e uma mente feliz.

Geshe Kelsang Gyatso
Tharpaland,
Novembro 1987

Buda Shakyamuni

A Linhagem e as Qualidades do Treino da Mente

A LINHAGEM E AS PREEMINENTES QUALIDADES DESTAS INSTRUÇÕES

As instruções do treino da mente foram dadas originalmente por Buda Shakyamuni. Ele as passou a Manjushri que, por sua vez, as transmitiu para Shantideva. De Shantideva elas foram passadas, em sucessão ininterrupta, a Elladari, Viravajra, Ratnashri, Serlingpa, Atisha, Dromtonpa, Geshe Potowa, Geshe Sharawa e Geshe Chekhawa. Geshe Chekhawa compôs o texto *Treinar a Mente em Sete Pontos* e difundiu o estudo e a prática do treino da mente por todo o Tibete. Então, ele transmitiu as instruções ao Bodhisattva Chilbuwa e, dele, as instruções passaram sucessivamente por mestres realizados até chegarem a Je Tsongkhapa.

Com base nas anotações dos discípulos de Geshe Chekhawa, várias versões do texto raiz, *Treinar a Mente em Sete Pontos*, foram compiladas. Mais tarde, Je Tsongkhapa deu ensinamentos sobre *Treinar a Mente em Sete Pontos* e, sem contradizer outras fontes, esclareceu o significado dessas instruções de acordo com a visão e as intenções de Geshe Chekhawa e de Atisha. As anotações dos discípulos de Je Tsongkhapa foram reunidas num texto conhecido como *Raios de Sol do Treino da Mente*, que é considerado um dos melhores comentários ao treino da mente. A versão do texto raiz usada neste livro foi compilada por Je Pabongkhapa, que se baseou principalmente em *Raios de Sol do Treino da Mente* e *Essência do Néctar do Treino da Mente*. Foi assim que, de Je Tsongkhapa, as instruções do treino da mente chegaram, numa linhagem ininterrupta, até os professores contemporâneos.

Homenagem à grande compaixão.
Essa instrução qual essência do néctar
É transmitida desde Serlingpa.

Geshe Chekhawa começa o texto raiz rendendo homenagem à grande compaixão. Sua intenção é mostrar que, uma vez que todos os Budas e Bodhisattvas nascem da mãe, a grande compaixão, qualquer um que queira se tornar um Buda ou Bodhisattva deve manter a compaixão como sua prática principal.

A segunda linha relaciona as instruções do treino da mente com a essência do néctar. O néctar que é desfrutado pelos deuses e por alguns humanos produz apenas felicidade comum, mas as instruções do treino da mente podem proporcionar o êxtase extraordinário da plena iluminação.

A terceira linha mostra que, das muitas diferentes tradições que Atisha recebeu e passou adiante por meio de Dromtonpa e de outros professores até Geshe Chekhawa, essa instrução específica veio do seu Guia Espiritual Serlingpa.

Conta-se que Geshe Chekhawa pertencia originalmente à tradição Nyingma, uma antiga tradição do budismo tibetano. Embora fosse versado nos ensinamentos tanto das tradições antigas como das novas, ele não estava totalmente satisfeito com sua prática. Procurou receber ensinamentos de Rechungpa, um dos principais discípulos de Milarepa e, mais tarde, com o Mestre Kadampa Geshe Chagshinpa. Um dia, quando estava nos aposentos de Geshe Chagshinpa, encontrou um curto texto, intitulado *Oito Estrofes do Treino da Mente*. Na sexta estrofe do poema, dois versos chamaram sua atenção:

Possa eu tomar sobre mim a derrota
E oferecer-lhes a vitória.

Embora já possuísse um profundo conhecimento de Dharma, sua mente foi fortemente tocada por essas palavras. Desejando descobrir seu real significado, quis saber o nome do autor. Geshe Chagshinpa respondeu que o texto fora escrito por Geshe Langri Tangpa. Ao ouvir isso, Geshe Chekhawa desenvolveu imediatamente o desejo de receber ensinamentos daquele mestre e, sem hesitar, partiu para Lhasa, a capital do Tibete, onde esperava encontrá-lo. Ali chegando, foi informado de que Langri Tangpa falecera. Decidiu, então, procurar um dos discípulos de Geshe Langri Tangpa, a quem pudesse pedir explicações sobre esses versos. Ficou sabendo, por intermédio de um homem da província de Lang Tang, que Geshe Sharawa era um dos principais discípulos do mestre Langri Tangpa. Animado com a informação, Geshe Chekhawa saiu à procura de Geshe Sharawa. Encontrou-o ministrando um curso de filosofia a uma vasta audiência. Geshe Chekhawa ouviu os ensinamentos, que se prolongaram por vários dias, mas não escutou nenhuma menção a aceitar a derrota e oferecer a vitória aos outros. Terminados os ensinamentos, aproximou-se de Geshe Sharawa, que circundava uma estupa, e, estendendo seu manto no chão, solicitou: “Por favor, senta ao meu lado por alguns momentos, pois gostaria de fazer-te uma pergunta”. Geshe Sharawa replicou um tanto abruptamente: “Acabo de dar extensos ensinamentos, não os entendeste?”. Geshe Chekhawa respondeu: “Tenho uma questão especial”. O mestre, então, sentou-se e Geshe Chekhawa perguntou: “Qual a importância da prática de aceitar a derrota e oferecer a vitória aos outros?”. O mestre pausadamente disse: “Se quiseres alcançar a iluminação, esta prática é essencial”. Então, Geshe Chekhawa perguntou em que passagens das escrituras isso fora ensinado, e Geshe Sharawa citou dois versos de Nagarjuna em *Preciosa Grinalda de Conselhos ao Rei*:

> Que as ações negativas deles amadureçam em mim,
> E que todas as minhas virtudes amadureçam neles.

O desejo de aceitar a derrota e oferecer a vitória aos outros está implícito nessas palavras. Geshe Sharawa citou outras fontes, que convenceram Geshe Chekhawa sobre a autenticidade desse ensinamento. Então, Geshe Chekhawa pediu ao mestre para receber instruções completas sobre essa prática. Geshe Sharawa respondeu: “Se ficares comigo por muitos anos, ensinar-te-ei”. Geshe Chekhawa passou doze anos estudando com Geshe Sharawa, e já nos seis primeiros anos adquiriu grande habilidade no treino da sua mente. Outros Geshes Kadampa reconheceram que ele alcançara o caminho Mahayana da visão ao abandonar por completo o autoapreço.

Até aquela época, as instruções do treino da mente não haviam sido ensinadas abertamente e permaneciam como uma linhagem secreta. Visto que a prática dessas instruções requer algum grau de fé, no começo, Geshe Chekhawa ensinou-as somente aos seus discípulos mais próximos e receptivos.

Naquela época, a lepra havia se propagado pelo Tibete, porque os médicos eram incapazes de curá-la. Um dia, Geshe Chekhawa conheceu alguns leprosos e decidiu instruí-los no treino da mente, em particular na prática de tomar e dar. Pondo em prática tais ensinamentos, muitos dos leprosos se curaram rapidamente da doença. A notícia se espalhou, e muitos outros doentes vieram pedir a ajuda de Geshe Chekhawa, cuja casa, em pouco tempo, ficou parecendo um hospital. Assim, os ensinamentos de Geshe Chekhawa tornaram-se conhecidos entre os tibetanos como o "Dharma contra a lepra".

Geshe Chekhawa tinha um irmão que não tinha fé nele e sentia profunda antipatia pelo Dharma. Certa vez, esse irmão ouviu por acaso ensinamentos sobre o treino da mente que Geshe Chekhawa dava aos leprosos e ficou impressionado com o que escutou. Passado algum tempo, Geshe Chekhawa percebeu, pelo comportamento do irmão, que ele estava praticando as instruções do treino da mente. Geshe Chekhawa pensou que, se tais ensinamentos podiam beneficiar um incrédulo como seu irmão, também poderiam beneficiar muitos outros seres. Assim, decidiu que não era adequado continuar mantendo secretas as instruções e, com o desejo sincero de ajudar todos os seres vivos, compôs o texto *Treinar a Mente em Sete Pontos*. Devido à sua grande bondade de compor e ensinar abertamente esse texto é que temos hoje a oportunidade de receber estas instruções e praticá-las. Devemos, portanto, lembrar com gratidão a bondade de Geshe Chekhawa.

É como um diamante, como o sol e como uma árvore medicinal.

A quarta linha do texto de Geshe Chekhawa explica as boas qualidades das instruções do treino da mente, comparando-as a um diamante, ao sol e a uma árvore medicinal. A maioria dos objetos valiosos perde seu valor quando se quebra; contudo, se um diamante for cortado em pequenos pedaços, cada fragmento, por menor que seja, continuará a ser precioso. Nesse sentido, as instruções do treino da mente são como um diamante, porque, embora seja mais valioso praticar todas as instruções do treino da mente, praticar apenas algumas delas continua sendo muito valioso. Assim como tomaríamos cuidado para não perder sequer um pequeno fragmento de um diamante, também devemos cuidar para não ignorar nenhum aspecto das instruções, por menor que seja.

Assim como a luz plena do sol dissipa por completo a escuridão, mas alguns poucos raios bastam para produzir uma certa luminosidade, se completarmos a prática do treino da mente, dissiparemos totalmente a escuridão da ignorância, mas, se praticarmos somente uma parte das instruções, isso nos ajudará a reduzir nossa ignorância e nosso autoapreço.

Assim como cada parte de uma árvore medicinal - raízes, tronco, galhos, folhas, flores e frutos - fornece remédios e é útil na cura de doenças, cada parte das instruções do treino da mente pode curar a doença mental que são as delusões. Remédios comuns só podem curar doenças físicas, porém a panaceia do treino da mente cura as enfermidades do corpo e da mente. Isso explica por que essa prática costuma ser chamada de "o remédio incomparável".

Como ter certeza de que as instruções do treino da mente realmente possuem todas essas boas qualidades? Geshe Chekhawa responde a essa questão na quinta linha do texto raiz:

O sentido deste texto deve ser conhecido

Depois de compreender o sentido dessas instruções, devemos praticá-las. Então, conheceremos, por experiência pessoal, todas as excelentes qualidades do treino da mente. A não ser que pratiquemos dessa maneira, nunca saberemos por nós mesmos por que essas instruções são "como um diamante, como o sol e como uma árvore medicinal".

A sexta e a sétima linhas do texto raiz revelam o poder do treino da mente para transformar condições adversas em caminho à iluminação:

O desenvolvimento das cinco impurezas
Será transformado em caminho à iluminação.

Diz-se que nossa era possui cinco impurezas: impureza de época; impureza de seres vivos; impureza de visão; impureza de delusões; e impureza de duração de vida. Impureza de época é a relativa pobreza da prática espiritual nos tempos atuais. Houve um grande declínio da espiritualidade ao longo dos tempos, e os seres humanos de agora, em comparação com os do passado, são muito pobres em termos de desenvolvimento espiritual. Outrora, muitos seres eram espiritualmente tão avançados que conseguiam enxergar diretamente Budas e Bodhisattvas. Muitos alcançaram o tranquilo-permanecer e diferentes tipos de clarividência, como a clarividência visual (a habilidade de ver formas distantes e formas sutis); a clarividência auditiva (a habilidade de ouvir sons distantes, muito além do âmbito normal); e os poderes mentais de conhecer de modo direto as mentes alheias e as vidas passadas e futuras. Muitos também possuíam poderes miraculosos, como a habilidade de emanar diferentes formas ou a habilidade de voar. Naquela época, incontáveis seres alcançaram a libertação e a iluminação.

Com o passar do tempo, contudo, o número de seres capazes de enxergar diretamente Budas e Bodhisattvas ou de alcançar outras conquistas espirituais elevadas foi-se tornando cada vez menor. Nos dias de hoje, nenhum ser comum é capaz de ver diretamente os seres iluminados. O próprio fato de vermos os outros como comuns é, em si, um sinal da impureza da nossa época. No entanto, se praticarmos com pureza o treino da mente, poderemos transformar as falhas e imperfeições dos nossos tempos - que normalmente causam grandes dificuldades e sofrimentos - em causas de caminhos espirituais.

A impureza dos seres vivos são os próprios seres. Os seres vivos de hoje desfrutam de poucos momentos de paz e felicidade, ao passo que as ameaças exteriores à vida aumentam cada vez mais. Nossa natureza humana é muito mais densa que a dos seres de antigamente, e nossos sofrimentos e dificuldades, bem piores. A cada geração, os seres vivos vêm se tornando mais infelizes, mais desregrados e mais perturbados. Somos agora especialistas em produzir todos os tipos de armas bélicas para prejudicarmos uns aos outros; mas não temos a habilidade de criar paz e felicidade. Embora almejemos paz e felicidade, construímos febrilmente a base para conflitos e sofrimento. Fizemos grandes avanços na produção de coisas materiais, mas estas não nos trazem verdadeira paz nem erradicam definitivamente nossos sofrimentos. No entanto, se praticarmos com pureza o treino da mente, poderemos transformar todas essas adversidades em causas do caminho à iluminação.

A impureza de visão é nossa forte tendência a aceitar e fomentar visões equivocadas ou distorcidas, como as que negam vidas passadas e futuras, a existência de seres iluminados, a lei do carma e a eficácia do Dharma. Se praticarmos com pureza o treino da mente, poderemos eliminar todas as visões errôneas.

A impureza das delusões significa que nossa raiva, apego e ignorância são muito mais fortes e prejudiciais que as delusões experienciadas em tempos anteriores; consequentemente, nossos sofrimentos são bem piores. Além disso, porque achamos difícil controlar as delusões, nossa prática espiritual produz poucos resultados. No entanto, se fizermos a prática do treino da mente com sinceridade, poderemos transformar essas falhas, as delusões, em causas de caminhos espirituais.

A quinta impureza refere-se à duração de vida. Diz-se que quando Buda Krakuchchanda apareceu neste mundo, os seres humanos viviam por longos períodos - cerca de oitenta mil anos. Na época do segundo Buda, Kanakamuni, a expectativa de vida caiu para quarenta mil anos, e no tempo do terceiro Buda, Kashyapa, ela estava em torno de vinte mil anos. Na época do quarto Buda, Shakyamuni, a expectativa de vida era de aproximadamente cem anos. As escrituras mencionam que esse declínio vai continuar ocorrendo até que a vida humana dure, em média, apenas dez anos. No entanto, se usarmos nossa vida humana para praticar com sinceridade o treino da mente, poderemos alcançar a mais elevada de todas as metas, a plena iluminação, nesta curta existência.

A principal razão para praticarmos essas instruções do treino da mente é satisfazer nosso mais profundo desejo: alcançar felicidade duradoura e libertação completa do sofrimento. Isso não pode ser alcançado por meios exteriores, como a aquisição de riqueza material. Não importa quantos bens adquirirmos, eles nunca nos darão felicidade duradoura e liberdade. Ao contrário, o que nos causa problemas frequentemente é a nossa procura por posses materiais. Se quisermos felicidade última e libertação do sofrimento, temos que nos dedicar às práticas supremas do treino da mente. Não há outro caminho.

Todos os seres vivos possuem a semente, ou natureza, de Buda. O método que fará essa semente amadurecer consiste em pôr em prática as instruções do treino da mente. As experiências efetivas, ou realizações, obtidas pelo treino da mente são os caminhos à iluminação; portanto, obter experiência dessa prática é essencial para todos os seres. No final do *Sutra Perfeição de Sabedoria Condensado*, Buda diz:

> Expliquei os caminhos à iluminação para que todos
> os seres vivos possam alcançá-los.

Bodhichitta Convencional

AS PRÁTICAS PRELIMINARES DO TREINO DA MENTE

Primeiro aprenda as preliminares.

Antes de nos dedicarmos à prática principal do treino da mente, precisamos nos preparar fazendo as práticas preliminares. As realizações incomuns do treino da mente dependem de acumularmos mérito, purificarmos negatividades, recebermos bênçãos dos Budas e Bodhisattvas e treinarmos as práticas gerais das etapas do caminho (*Lamrim*, em tibetano) - desde confiar em nosso Guia Espiritual até a visão superior. Entre estas, é particularmente importante obter alguma experiência nas meditações sobre a preciosa vida humana, morte e impermanência, carma e os perigos do samsara.

O método supremo para acumular mérito, purificar negatividades e receber bênçãos dos Budas e Bodhisattvas são as seis práticas preparatórias. São elas:

1. Limpar o local de meditação e montar um altar com representações do corpo, da fala e da mente de Buda;
2. Dispor oferendas adequadas;
3. Sentar-se na postura correta de meditação, buscar refúgio e gerar e aprimorar a bodhichitta;
4. Visualizar o Campo para Acumular Mérito;
5. Acumular mérito e purificar negatividades oferecendo a prática dos sete membros e o mandala;
6. Pedir ao Campo para Acumular Mérito e, em particular, aos Gurus da linhagem Lamrim que nos concedam suas bênçãos.

Manjushri

Essas práticas são explicadas em detalhes em textos de Lamrim, como *Caminho Alegre da Boa Fortuna*. A essência dessas práticas preparatórias e de todas as meditações gerais nas etapas do caminho está contida em *Essência da Boa Fortuna* e numa prática mais curta intitulada *Preces para Meditação* ambas podem ser encontradas no apêndice III. Devemos fazer as práticas preparatórias em todas as sessões de meditação do treino da mente. Começamos cada uma delas recitando as preces até o final da prece das etapas do caminho e, então, fazemos nossa meditação do treino da mente. Depois, recitamos o mantra e os versos da dedicatória.

A PRÁTICA PRINCIPAL: TREINAR AS DUAS BODHICHITTAS

A prática principal do treino da mente divide-se em duas partes:

1. Treinar a bodhichitta convencional;
2. Treinar a bodhichitta última.

Existem dois tipos de bodhichitta: convencional e última. Em geral, o termo bodhichitta, ou mente de iluminação, refere-se à bodhichitta convencional. A bodhichitta convencional é definida como uma mente primária que, motivada por grande compaixão, espontaneamente busca a iluminação para o benefício de todos os seres vivos. É um método para amadurecer nossa semente búdica e é também uma coleção de mérito, a causa principal para conquistarmos o Corpo-Forma de um Buda.

A bodhichitta última é definida como uma sabedoria que, motivada pela bodhichitta convencional, realiza diretamente a vacuidade, a natureza última dos fenômenos. Sua função é remover as duas obstruções - as obstruções à libertação e as obstruções à onisciência. Além disso, é uma coleção de sabedoria, a causa principal para conquistarmos o Corpo-Verdade de um Buda. Se praticarmos essas duas bodhichittas, estaremos trilhando o caminho principal que conduz ao estado da plena iluminação.

TREINAR A BODHICHITTA CONVENCIONAL

Este item divide-se em duas partes:

1. A prática na sessão de meditação;
2. A prática no intervalo entre meditações.

A PRÁTICA NA SESSÃO DE MEDITAÇÃO

Este item divide-se em seis partes:

1. Meditar em equalizar eu com outros;
2. Contemplar os perigos do autoapreço;
3. Contemplar os benefícios de apreciar os outros;
4. Meditar em trocar eu por outros;
5. Meditar em tomar e dar;
6. Meditar na bodhichitta.

MEDITAR EM EQUALIZAR EU COM OUTROS

Embora essa meditação não seja explicada explicitamente no texto raiz, *Treinar a Mente em Sete Pontos*, ela está implícita nele. Uma explicação completa dessa prática pode ser encontrada no *Guia do Estilo de Vida do Bodhisattva*, de Shantideva:

> Primeiro, preciso me esforçar para meditar
> Em equalizar eu com outros.
> Uma vez que, do ponto de vista do sofrimento, somos
> iguais,
> Devo proteger a todos, como faço comigo mesmo.

A meditação em equalizar eu com outros é um dos melhores métodos para gerarmos amor afetuoso, o verdadeiro coração da prática do treino da mente. Equalizar é uma prática extremamente importante, porque, sem ela, não conseguimos obter a realização de trocar eu por outros.

O que precisamos equalizar nessa meditação? Temos que tornar iguais nosso amor por nós mesmos e nosso amor pelos outros, apreciando a nós e aos outros igualmente. Isso só será possível se estivermos muito habituados com o Dharma. No momento, quando pensamos "eu", sentimos que o objeto desse pensamento é supremamente importante; mas, ao pensar "eles", consideramos tal objeto bem menos importante. Isso mostra claramente que não apreciamos os outros tanto quanto apreciamos a nós mesmos. Quando atravessamos dificuldades ou momentos críticos, é comum ficarmos deprimidos, mas raramente, talvez nunca, ficamos aborrecidos com as dificuldades alheias. Na verdade, ficar sabendo do infortúnio de certos indivíduos pode até nos causar prazer. Isso indica que ainda não equalizamos nosso amor pelo eu e nosso amor pelos outros.

Podemos nos perguntar por que a prática de equalizar nós e os outros é tão importante. O que vai acontecer se não conseguirmos fazer isso? Haverá duas grandes falhas. Primeiro, vamos ter problemas nesta vida. Por exemplo, se não conseguirmos apreciar os outros como apreciamos a nós mesmos, poderemos ficar com raiva deles e agir de maneiras egoístas e negativas, que nos trarão resultados desagradáveis. A segunda falha é que não desenvolveremos a bodhichitta e, sem a bodhichitta, não seremos capazes de alcançar nenhuma das realizações dos Caminhos Mahayana, que dirá a Budeidade. Antigos praticantes do budismo na Índia e no Tibete compreenderam que o amor afetuoso é uma causa especial da bodhichitta.

Até para aqueles que não são praticantes espirituais, praticar equalizar eu com outros em alguma medida é importante, porque, se não o fizerem, certamente terão problemas. Por exemplo, quando amamos e somos solícitos com a pessoa com quem vivemos, nós dois somos felizes; mas, se pensarmos só em nós, a outra pessoa ficará infeliz, e nosso relacionamento não vai durar. Se não aprendermos a apreciar os outros, não teremos estabilidade no amor, nossos relacionamentos serão difíceis, e não encontraremos satisfação verdadeira e duradoura. Portanto, devemos sempre tentar ver os outros como preciosos e sentir amor e afeição por eles.

Se tivermos uma atitude solícita uns com os outros na comunidade em que vivemos, naturalmente desenvolveremos amor afetuoso e, como resultado, todos encontraremos paz e felicidade. Devemos pensar: "Assim como eu quero ser feliz, todos também querem. Portanto, vou trabalhar com empenho pela felicidade dos outros tanto quanto trabalho pela minha". Alguém que se preocupe com o próximo dessa maneira estará equalizando eu com outros. Se mantivermos essa intenção em relação aos outros, eles, por sua vez, desenvolverão sentimentos bondosos para conosco. Primeiro, devemos tentar praticar assim com nossos amigos e com as pessoas que encontramos regularmente, depois, quando tivermos alguma experiência nisso, podemos ampliar nossa prática até que, por fim, possamos incluir todos os outros seres.

Quando fazemos essa meditação, inicialmente podem surgir algumas dúvidas sobre o valor de tentarmos remover os sofrimentos dos outros. Talvez pensemos: "O sofrimento alheio não me afeta diretamente. Cada qual deve suportar seu próprio sofrimento; então, por que eu deveria tentar dissipar o sofrimento dos outros?". É verdade que não experienciamos o sofrimento dos outros diretamente, contudo isso não significa que não devamos tentar ajudá-los. Se tivermos um espinho cravado no pé, a mão irá arrancá-lo, ainda que não esteja sendo diretamente afetada. Da mesma forma, se pensarmos em todos os seres vivos como um único organismo, unidos pelo desejo de se livrarem do sofrimento, não hesitaremos em tentar aliviá-los. Devemos pensar:

Assim como quero felicidade duradoura, todos os outros seres querem o mesmo. Nesse sentido, somos exatamente iguais. Não seria absurdo buscar apenas minha própria felicidade e negligenciar a dos outros?

Equalizar eu com outros é o fundamento de todas as práticas subsequentes que conduzem à iluminação. Portanto, devemos nos encorajar contemplando o seguinte:

Tenho agora uma vida humana rara e preciosa. Não usá-la para alcançar a Budeidade seria um trágico desperdício de uma oportunidade de ouro. Para alcançar a iluminação, preciso equalizar eu com outros. Então, serei capaz de treinar as práticas de tomar e dar, gerar as preciosas mentes de compaixão e bodhichitta e, por fim, alcançar a iluminação.

Para meditar em equalizar eu com outros, começamos considerando cuidadosamente todos os pontos anteriores até nos convencermos de que o bem-estar dos outros é tão importante quanto o nosso. Isso provocará uma sensação de igualdade entre nós e os outros. Concentramo-nos nessa sensação por algum tempo e tomamos uma resolução: "Vou apreciar os outros tanto quanto aprecio a mim mesmo". Meditamos, então, nessa determinação pelo maior tempo possível.

Quando saímos da meditação, durante o restante do dia, devemos lembrar repetidamente os sentimentos e decisões que geramos durante a meditação. Sempre que virmos alguém sofrendo ou em dificuldades, devemos tentar responder ajudando. Se não pudermos ajudar de maneira prática, devemos, ao menos, tentar fazê-lo com nossos pensamentos e preces. Por exemplo, embora não possamos sozinhos promover a paz quando duas nações estão em guerra, podemos, não obstante, nos interessar por todos aqueles envolvidos no conflito e rezar para que a paz seja rapidamente restabelecida. Podemos também dedicar nossas ações virtuosas em seu benefício, pensando: "Pelas virtudes da minha ação, possa esse conflito cessar". Em geral, podemos dirigir o mérito das nossas ações virtuosas para qualquer causa positiva, e isso ajudará indiretamente a solucionar muitos problemas.

Se mantivermos continuamente um desejo de ajudar os

outros, encontraremos sempre maneiras de fazê-lo, quer direta quer indiretamente. Como diz Nagarjuna no *Comentário sobre a Bodhichitta*:

> Ainda que não sejamos capazes de ajudar os outros
> diretamente,
> Devemos, ainda assim, cultivar uma intenção benéfica.
> Se gerarmos essa intenção com crescente intensidade,
> Encontraremos naturalmente maneiras de ajudá-los.

Só poderemos ajudar os outros se tivermos o desejo de fazê-lo; portanto, devemos cultivar repetidamente uma intenção benéfica. Se mantivermos esse pensamento benéfico em todas as nossas atividades diárias, veremos que as oportunidades de ajudar os outros surgirão cada vez mais frequentemente.

Além disso, é essencial fazermos pedidos constantes aos Budas, Bodhisattvas e demais seres sagrados para que nos concedam suas bênçãos a fim de que obtenhamos a realização de apreciar a nós mesmos e aos outros igualmente. Podemos fazer isso recitando a seguinte prece da sadhana *Oferenda ao Guia Espiritual*:

> *Já que ninguém deseja sequer o menor sofrimento*
> *Ou nunca se contenta com a felicidade que tem,*
> *Não há diferença entre mim e os outros;*
> *Entendendo isso, busco tuas bênçãos com alegria para*
> *fazer os outros felizes.*

Este capítulo apresenta uma sequência de meditações que começa com a meditação em equalizar eu com outros. Podemos permanecer o tempo que desejarmos em cada meditação. Se quisermos, poderemos passar semanas, meses ou até anos nesta única meditação.

CONTEMPLAR OS PERIGOS DO AUTOAPREÇO

Reúna toda a culpa em um.

Esse verso mostra que todos os nossos sofrimentos e dificuldades podem ser creditados a uma única fonte - a mente de autoapreço - e que essa mente, e só ela, deve ser culpada por todos os nossos problemas. Por nos apreciarmos, queremos todas as boas coisas da vida e, para obtê-las, envolvemo-nos em ações egoístas. Dessa maneira, nosso autoapreço nos leva a cometer ações que nos arremessam repetidamente em renascimentos samsáricos; e, cada vez que renascemos no samsara, temos que experienciar todas as suas desgraças novamente. Não fosse por essa mente de autoapreço, não cometeríamos tais ações inábeis, logo, não teríamos que experienciar seus efeitos funestos.

Os seres vivos cometem ações negativas como matar interessados no seu próprio bem-estar. A maioria dos animais, por exemplo, visando a própria sobrevivência, persegue e mata outros animais para se alimentar. Os seres humanos frequentemente sentem raiva quando são prejudicados ou ameaçados. Decidimos retaliar unicamente porque nos consideramos tão preciosos. Quando um ladrão é capturado e mandado para a prisão, dizemos que ele foi preso porque cometeu um crime, mas o motivo principal do encarceramento foi sua mente de autoapreço. A infelicidade que sentimos quando almejamos alguma coisa e não conseguimos obtê-la também se deve ao nosso autoapreço, que, no passado, impediu outras pessoas de obterem aquilo que desejavam. Em vidas anteriores, por egoísmo, causamos dores físicas e mentais aos outros e os impedimos de realizarem os seus desejos. Por causa disso, hoje temos dificuldade de realizar nossos próprios desejos, carregamos um corpo e uma mente doentes e nos deparamos com diversos outros obstáculos. Todos esses problemas são causados pelo nosso autoapreço.

Se examinarmos esse ponto com cuidado, constataremos que não existe sequer uma única falha que não seja causada pelo autoapreço. Portanto, com muita firmeza, devemos tomar a decisão de eliminar essa mente nociva. Buda diz:

Shantideva

Olhe para o samsara; não tem boas qualidades.
Por causa do inimigo, o autoapreço,
Uma tigresa faminta
É capaz de devorar até seu próprio filhote.

No *Guia do Estilo de Vida do Bodhisattva*, Shantideva diz:

Se os tormentos deste mundo -
Todo medo mental e dor física -
Surgem de apreciar a si mesmo,
De que nos serve esse espírito horripilante?

Às vezes, Shantideva refere-se à mente de autoapreço, outras vezes, à mente de agarramento ao em-si. Qual é a diferença entre elas? A mente de agarramento ao em-si apreende, ou agarra-se, ao eu como inerentemente existente, e a mente de autoapreço aprecia esse eu, considerando-o muito querido. Essas duas mentes são a raiz de todas as nossas dificuldades.

Visto que sempre nos apreciamos imensamente, achamos difícil suportar até o menor dos problemas e, por isso, sofremos constantemente de ansiedade, medo e infelicidade. Toda dor mental que surge de desejos não realizados e de se deparar com objetos repulsivos é causada pelo autoapreço. Os Bodhisattvas Superiores não têm autoapreço e, por isso, não temem nada. Poderiam ficar diante do mais feroz dos tigres sem sentirem medo. Uma vez que veem todos os seres como suas mães, sentem compaixão, não medo, quando confrontados com animais selvagens. Isso não quer dizer que não se protejam de perigos desnecessários. Uma das qualidades dos Bodhisattvas elevados é que eles são capazes de dar aos outros, com alegria, seu próprio corpo ou partes dele; contudo, antes de fazê-lo, avaliam cuidadosamente a situação e só fazem o sacrifício se acharem que a ação será benéfica. Devemos, nós também, tomar cuidado para não nos expormos a riscos ou perigos desnecessários. Se ninguém for se beneficiar, não faz sentido arriscarmos nosso corpo ou nossa vida. Não devemos pensar que nos proteger é necessariamente um sinal de autoapreço.

Ao contemplar os perigos do autoapreço, podemos desenvolver dúvidas pensando que, sem autoapreço, não teríamos motivos para trabalhar; sem trabalho, não teríamos dinheiro; e, sem dinheiro, não conseguiríamos sobreviver. Poderíamos, então, concluir que nossa sobrevivência se deve unicamente à bondade do autoapreço. Na realidade, o desejo de trabalhar não depende necessariamente de uma atitude de autoapreço. Existem muitas pessoas altruístas no mundo que trabalham pelos outros. Os praticantes sinceros de Dharma, por exemplo, desejam trabalhar para suprir suas necessidades básicas e terem a energia necessária para praticar o Dharma. Sua meta final é alcançar a iluminação para o benefício de todos os seres vivos.

Talvez nos ocorra que aqueles que parecem ser mais bem sucedidos devam seu sucesso ao autoapreço. Motivados por ambição e autoapreço, trabalharam arduamente e agora desfrutam da recompensa. Quem pensa assim não compreendeu bem a relação entre ações e seus efeitos. Precisamos ter claro qual efeito decorre de qual ação. Um empresário falido pode ter tanto autoapreço quanto um empresário bem-sucedido. Se o autoapreço fosse a chave do sucesso, como explicar a falência de um e o sucesso do outro? Buda ensinou que a prática de dar é a causa de riqueza. Assim, a diferença entre o empresário bem-sucedido e o empresário falido é que o primeiro praticou generosidade em vidas passadas, ao passo que o outro não o fez. Sempre que surgirem dúvidas a esse respeito, devemos examiná-las com cuidado. Se aplicarmos argumentos lógicos bem fundamentados, seremos capazes de dissipar todos os nossos receios.

Para fazer essa meditação, devemos tentar nos conscientizar plenamente dos perigos do autoapreço até tomar a resolução de abandoná-lo por completo. Meditaremos, então, nessa resolução unifocadamente e sem distrações.

Durante o intervalo entre meditações, devemos nos manter conscientes dessa resolução. Embora não possamos eliminar o autoapreço apenas porque decidimos fazê-lo, manter continuamente essa aspiração nos ajudará bastante. Além disso, devemos fazer repetidos pedidos aos Budas, Bodhisattvas e demais seres sagrados para que nos concedam suas bênçãos, a fim de que sejamos capazes de superar o autoapreço. Podemos fazer isso recitando a seguinte prece da sadhana *Oferenda ao Guia Espiritual*:

Vendo que essa doença crônica de apreciar a mim mesmo
É a causa de todo o sofrimento indesejado,
Busco tuas bênçãos para destruir esse grande demônio,
o egoísmo,
Identificando-o como o objeto de acusação.

CONTEMPLAR OS BENEFÍCIOS DE APRECIAR OS OUTROS

Medite sobre a grande bondade de todos.

O corpo humano precioso que ora possuímos foi obtido graças à bondade de outros seres vivos. Também os prazeres que desfrutamos como humanos são propiciados pela bondade dos outros; nosso conhecimento, educação, profissão e experiência foram conseguidos por meio da bondade dos outros; a oportunidade de ouvir e contemplar o Dharma e de meditar sobre ele é proporcionada pela bondade dos outros; e a libertação e a iluminação são alcançadas por meio da bondade dos outros. Meditando dessa maneira ficaremos profundamente convencidos da bondade de todos os outros seres para conosco.

Já que as principais causas de um renascimento humano são as práticas de disciplina moral, de dar e de paciência, é certo que fizemos tais práticas no passado. Quem foram os objetos de tais práticas? Outros seres vivos. Sem eles, não teríamos sido capazes de criar as causas para renascer como seres humanos. Foi por meio da sua bondade que obtivemos esta preciosa vida humana, que é mais significativa do que um universo repleto de joias.

Nossas necessidades cotidianas são supridas pela bondade dos outros. Não trouxemos nada das nossas vidas anteriores; no entanto, logo ao nascer, recebemos casa, comida, roupas e muitas outras coisas; tudo proporcionado pela bondade dos outros. Tudo o que desfrutamos agora nos foi propiciado pela generosidade de outros seres, do passado ou do presente. Podemos nos servir de inúmeras facilidades, quase sem esforço da nossa parte. Examinando facilidades como estradas, casas, carros, trens, aviões, navios, restaurantes, hotéis, bibliotecas, museus e lojas, ficará claro que muitas pessoas trabalharam arduamente e passaram por enormes dificuldades para que tudo isso exista. Poderia nos ocorrer que não é devido à bondade alheia que podemos usar essas coisas, e sim porque pagamos por elas. Contudo, de onde vem nosso dinheiro? Dinheiro não cai do céu nem dá em árvores; é provido pelos outros. Poderíamos ainda argumentar que ninguém nos dá dinheiro, mas temos de ganhá-lo com o suor do nosso trabalho. Contudo, de onde vem nosso trabalho? Alguém tem de nos empregar ou fazer negócio conosco. Ser provido com trabalho ou negócios equivale a ser provido com dinheiro.

Um exame cuidadoso deixará claro de que modo os outros nos ajudam com sua bondade. Assim, chegaremos a uma conclusão: "Vou a apreciar os outros seres vivos porque eles são muito bondosos". Com essa determinação, tentaremos gerar uma mente que considera todos os seres igualmente queridos; então, sustentamos essa mente amorosa em meditação unifocalizada.

Se pensarmos com clareza, entenderemos também que toda a nossa felicidade presente e futura depende de apreciarmos os outros. Como assim? Em vidas passadas, abstivemo-nos de prejudicar, matar ou roubar aqueles por quem sentíamos afeição; e fomos generosos e pacientes com eles porque os amávamos. Como resultado dessas ações positivas, temos hoje uma preciosa vida humana. No passado, também houve situações em que ajudamos e protegemos os outros porque gostávamos deles e, como resultado, hoje somos ajudados e desfrutamos de condições agradáveis.

Se praticarmos apreciar os outros sinceramente nesta vida, solucionaremos nossos problemas advindos de raiva, inveja, etc., e nossa mente estará sempre calma e serena. Apreciar os outros lhes traz felicidade e impede conflitos e brigas. Apreciando os outros, evitamos prejudicá-los com ações negativas. Em vez disso, praticamos ações positivas de amor, paciência e generosidade e, desse modo, criamos causa para experienciar felicidade e boa fortuna no futuro. Ademais, se fizermos de apreciar os outros nossa prática principal, vamos gradualmente desenvolver grande compaixão e bodhichitta. Por fim, alcançaremos a felicidade última da grande iluminação.

Contemplando desse modo, chegaremos à seguinte decisão: "Vou sempre apreciar os outros, porque essa preciosa mente de amor trará felicidade para mim e para eles". Depois, retemos esse pensamento e meditamos sobre ele unifocadamente pelo maior tempo possível. No intervalo entre meditações, devemos tentar nos lembrar dessa decisão o tempo todo, quaisquer que sejam nossas atividades.

É muito importante pedir aos seres sagrados que nos concedam suas bênçãos, para que tenhamos a experiência da preciosa mente que aprecia todos os seres vivos. Podemos fazer isso recitando a seguinte prece da sadhana *Oferenda ao Guia Espiritual*:

Vendo que a mente que aprecia os seres-mães e protege sua felicidade
É a passagem que conduz a infinitas boas qualidades,
Busco tuas bênçãos para apreciá-los mais do que a minha vida,
Mesmo que se ergam contra mim como inimigos.

MEDITAR EM TROCAR EU POR OUTROS

O objetivo principal de se explicarem os perigos do autoapreço e os benefícios de apreciar os outros é que, contemplando-os repetidamente, seremos capazes de trocar eu por outros. Trocar eu por outros não significa trocar de identidade com outra pessoa - eu tomo seu lugar, e ela, o meu. O que será trocado é o objeto do nosso apreço. Atualmente, nós mesmos somos o objeto do nosso apreço, mas, quando trocarmos eu por outros, o objeto do nosso apreço serão os outros seres sencientes.

Precisamos trocar o eu por outros porque a mente de autoapreço é a raiz de todos os nossos problemas, enquanto a mente que aprecia os outros é a fonte de toda a bondade. Praticando assim, encontraremos felicidade temporária e última. No *Guia do Estilo de Vida do Bodhisattva*, Shantideva diz:

> Os infantis trabalham somente em benefício próprio;
> Os Budas trabalham somente para o benefício dos
> outros.
> Basta olhar a diferença entre eles!

Nesse contexto, o termo "infantis" refere-se aos seres ordinários, que, motivados por interesse pessoal, não conseguem nada além de sofrimento; enquanto os Budas, que trabalham constantemente em prol dos outros, alcançaram a iluminação e estão totalmente livres do sofrimento. Vendo a diferença entre eles, devemos tomar a decisão de apreciar aos outros mais do que a nós mesmos, pois precisamos alcançar a iluminação.

Não devemos desanimar, pensando que a prática de trocar eu por outros é difícil demais. No *Guia do Estilo de Vida do Bodhisattva*, Shantideva diz que até coisas extremamente difíceis, como apreciar nosso pior inimigo, tornam-se fáceis pelo poder da familiaridade; portanto, se praticarmos com sinceridade e paciência, não há dúvida de que seremos capazes de trocar o eu por outros.

O corpo que hoje apreciamos, de fato, não nos pertence, mas surgiu da mistura do espermatozóide do nosso pai e do óvulo da nossa mãe. Contudo, pensamos nele como "nosso corpo" porque temos grande familiaridade com ele. Assim como nos habituamos a apreciar este corpo como se fosse nosso, quando, de fato, ele pertence aos nossos pais, também podemos tomar os outros como nosso objeto de apreço e gradualmente nos habituar com essa ideia até que, pelo poder de completa familiaridade, torne-se fácil apreciarmos os outros em vez de apreciarmos a nós mesmos.

Tomemos meu caso pessoal como exemplo. Aos oito anos, eu era um monge noviço e apreciava o corpo de um monge noviço; mais tarde, aos 21 anos, tornei-me um monge plenamente ordenado e apreciava o corpo de um jovem monge plenamente ordenado. Quando fizer oitenta anos, vou apreciar o corpo de um velho monge plenamente ordenado. Pensamos que o corpo que observamos permanece o mesmo, mas isso não é verdade. Quando me tornei monge, o corpo do menino leigo cessou. O objeto de apreço se modifica ano a ano e, porque o objeto muda, o pensamento "eu" também muda. A pessoa do ano passado, por exemplo, agora cessou por completo. Uma vez que o objeto de apreço muda dessa maneira, nada nos impede de trocar nosso atual objeto de apreço, o eu, pelos outros seres vivos. Gerar uma mente que aprecia os outros depende de esforço, familiaridade e prática.

Contemplando esses pontos, devemos gerar uma forte determinação de apreciar somente os outros seres vivos e, a seguir, concentrarmo-nos nela unifocadamente pelo maior tempo possível. É recomendável começar apreciando nossos amigos e parentes, e depois ampliar gradualmente nosso apreço até incluir todos os seres vivos. Isso não pode ser feito rapidamente, mas, com perseverança, teremos êxito. Precisamos manter o sentimento de apreciar os outros no intervalo entre as meditações e associá-lo com todas as nossas atividades diárias. A medida para avaliar se obtivemos a realização de trocar eu por outros é que, em todas as situações, naturalmente apreciaremos os outros mais do que a nós mesmos.

É essencial pedir a todos os Budas, Bodhisattvas e demais seres sagrados que nos concedam suas bênçãos a fim de obtermos a realização de trocar eu por outros. Podemos fazer

Serlingpa

isso recitando a seguinte prece da sadhana *Oferenda ao Guia Espiritual*:

Visto que apreciar a mim mesmo é a porta de todas as falhas
E apreciar os seres-mães é o fundamento de todas as boas qualidades,
Busco tuas bênçãos para tomar como minha prática essencial
O ioga de trocar o eu por outros.

MEDITAR EM TOMAR E DAR

Treine alternadamente em dar e tomar.

Esta meditação divide-se em duas partes:

1. Tomar por meio de compaixão;
2. Dar por meio de amor.

Praticamos o tomar e o dar alternadamente. Neste contexto, tomar significa tomar sobre nós o sofrimento dos outros; e dar significa dar-lhes toda a nossa felicidade. Já que os seres vivos não podem experienciar pura felicidade enquanto estão sofrendo, começamos com a prática de tomar e, depois, praticamos o dar.

TOMAR POR MEIO DE COMPAIXÃO

Praticamos o tomar com a motivação de compaixão. Todos nós sentimos compaixão num momento ou noutro; esta é a nossa natureza búdica. Por exemplo, não há ninguém que não sinta pena de seus filhos, parentes e amigos quando estes estão sofrendo; e há pessoas com fortes tendências virtuosas que sentem compaixão até por estranhos. Se, gradualmente, expandirmos o escopo da nossa compaixão, por fim desenvolveremos compaixão espontânea por todos os seres vivos. A mente que deseja proteger todos os seres contra o sofrimento é a grande compaixão. Se gerarmos essa mente e, aos poucos, conseguirmos aperfeiçoá-la, ela se converterá na compaixão de um Buda. Só a compaixão de um Buda tem o poder de proteger todos os seres vivos contra o sofrimento. Portanto, o meio para alcançarmos a iluminação é cultivar nossa mente de compaixão atual e desenvolvê-la até alcançar a sua plenitude.

A compaixão é a raiz de um Buda, porque todos os Budas nascem da mente de compaixão; é a raiz do Dharma, porque os Budas dão ensinamentos de Dharma por compaixão; e é a raiz da Sangha, porque é impossível tornar-se Sangha sem praticar compaixão. Lama Tayang, um respeitado meditador e erudito da Mongólia, escreveu um poema de louvor à compaixão, *Precioso Rosário de Cristal*, no qual ele diz:

> Compaixão é a mãe de todos os Budas,
> Compaixão é o tesouro mais precioso dos Bodhisattvas,
> Compaixão é o amigo invisível dos migrantes.
> Que eu seja protegido pela grande compaixão.

Os Budas não são seres iluminados desde sempre. Em algum momento, eles eram seres comuns que, como nós, possuíam as sementes de compaixão. Praticando os métodos corretos, eles foram aumentando sua compaixão até transformá-la na compaixão última de um Buda. É por isso que Lama Tayang chama a compaixão de "a mãe de todos os Budas". Se quisermos nos iluminar, devemos seguir o exemplo dos Budas e fortalecer a mente de compaixão que temos atualmente. No entanto, é impossível aumentar nossa compaixão se desconhecermos os métodos corretos e não os pusermos em prática.

Os Bodhisattvas ingressam no caminho espiritual Mahayana movidos por grande compaixão e, ao longo do seu treino, todas as suas ações são motivadas por compaixão. Finalmente, pelo poder da sua compaixão, eles alcançam a Budeidade. É por isso que consideram a compaixão como o seu "tesouro mais precioso".

Não há dúvida de que a compaixão ajuda e protege efetivamente os seres vivos, mas, como eles não podem vê-la diretamente, ela é denominada "o amigo invisível dos migrantes". Se tivermos grande compaixão, não haverá nada mais a temer no samsara e não correremos o risco de cair nos reinos inferiores. Avançaremos de alegria em alegria até alcançarmos a plena iluminação. Assim, a compaixão é o refúgio e o protetor efetivos de todos os seres vivos.

Uma mãe que veja seu filho com dor sentirá compaixão porque ela ama a criança; mas, se ela visse um inimigo em apuros, talvez não sentisse qualquer compaixão porque não ama seus inimigos. Se essa mãe tivesse a mente imparcial que aprecia todos os seres vivos, ela instintivamente sentiria por seu inimigo a mesma compaixão que sente por seu filho. Devemos nos empenhar para gerar compaixão imparcial por todos os seres vivos. Para tanto, precisamos, primeiro, expandir nossa mente de apreciar os outros até que venhamos a sentir amor apreciativo por todos os seres vivos. Então, ao contemplar o sofrimento deles, naturalmente vamos gerar compaixão.

Em vez de ficarmos preocupados com nossos problemas pessoais, o que somente nos deixa deprimidos e infelizes, devemos considerar as dificuldades dos outros. Desse modo, começaremos a sentir compaixão por eles. Se aplicarmos isso a cada pessoa que encontrarmos - amigos, vizinhos, desconhecidos, ricos e pobres -, descobriremos que todos os seres comuns possuem problemas. Mesmo aqueles que sofrem pouco experienciam os sofrimentos do nascimento, envelhecimento, morte, desejos frustrados e condições desagradáveis; e todos terão de passar por sofrimentos extremos num momento ou noutro. Na televisão e nos jornais, vemos pessoas experienciando sofrimentos terríveis. Até chefes de estado e milionários não estão livres de sofrer. Embora possamos invejá-los, pensando que são felizes devido a seu status e riqueza, na realidade, eles não o são. Eles experienciam mais problemas e preocupações do que pessoas mais pobres e humildes devido às suas responsabilidades maiores, e podem enfrentar até riscos à sua integridade física.

Para meditar sobre grande compaixão, primeiro geramos uma mente de amor que aprecia todos os seres vivos; então, com essa mente, contemplamos repetidas vezes seu sofrimento. Por fim, um sentimento de compaixão surgirá, e pensaremos: "Como seria maravilhoso poder libertar todos esses seres dos seus sofrimentos". Quando essa compaixão surgir, devemos mantê-la em meditação unifocalizada pelo maior tempo possível.

É muito importante pedir bênçãos repetidamente à assembleia de Budas, Bodhisattvas e demais seres sagrados a fim de gerarmos grande compaixão. Podemos fazer isso recitando a seguinte prece da sadhana *Oferenda ao Guia Espiritual*:

Contemplando que todos esses pobres migrantes são minhas mães,
E que por bondade cuidaram de mim vezes sem-fim,
Busco tuas bênçãos para gerar espontânea compaixão,
Como a de uma mãe amorosa por seu mais querido filho

Comece a sequência tomando seu próprio sofrimento.

Para meditar sobre o tomar, começamos gerando um sentimento de compaixão por todos os seres vivos conforme foi explicado; deixamos, então, que nossa mente se una por completo com essa compaixão. A seguir, começamos a meditação de tomar os sofrimentos dos outros. No início, talvez nos pareça difícil tomar os sofrimentos dos outros seres, em particular os sofrimentos dos nossos inimigos. Mas, conforme nossa compaixão aumentar, isso se tornará mais fácil. O verso do texto raiz citado acima nos aconselha a tomar nossos próprios sofrimentos futuros, se a princípio acharmos difícil tomar os sofrimentos dos outros. Não precisamos tomar nossos sofrimentos passados, mas apenas aqueles que teremos que experienciar até alcançarmos a libertação do samsara. Primeiro, tomamos uma resolução:

Com meu corpo e mente de hoje, vou tomar todos os meus sofrimentos futuros. Dessa maneira, purificarei todo meu carma negativo e não terei que experienciar tais sofrimentos no futuro. Assim, aos poucos me tornarei capaz de tomar os sofrimentos dos outros.

Tendo adotado essa resolução, imaginamos que todos os sofrimentos que teremos de experienciar pelo restante desta vida, como os sofrimentos da doença, velhice e morte, assumem o aspecto de uma fumaça preta. Esta se avoluma e se dissolve em nosso coração. Imaginamos intensamente que essa fumaça destrói nossa mente de autoapreço e nosso carma negativo. Depois, visualizamos que todos os sofrimentos das nossas vidas futuras se dissolvem em nosso coração sob o aspecto da fumaça preta, que destrói, uma vez mais, nossa mente de autoapreço e nosso carma negativo. Geramos a convicção de ter destruído nossa mente de autoapreço e purificado nosso carma negativo e, então, sentimos alegria. Meditamos sobre esse sentimento de alegria pelo maior tempo possível.

Quando nos julgarmos preparados para tomar os sofrimentos dos outros, poderemos fazê-lo de duas maneiras: focalizamos os seres vivos em geral e imaginamos que estamos tomando seus sofrimentos, ou focalizamos um ser em particular ou um grupo específico e imaginamos que estamos tomando seus sofrimentos específicos.

Para praticar o primeiro método, consideramos que todos os seres vivos são nossas queridas mães e pensamos:

Todos esses seres-mães estão se afogando no oceano do samsara, experienciando tormentos intoleráveis repetidamente, por longos períodos de tempo. Como seria maravilhoso que eles pudessem ser libertados desse profundo oceano de sofrimento. Que sejam salvos. Eu, pessoalmente, vou salvá-los.

Com essa forte motivação compassiva, pensamos:

Atisha

Que os sofrimentos e o carma negativo de todos os seres vivos amadureçam em mim, e que, assim, todos eles se livrem imediatamente do sofrimento e de suas causas.

Com essa prece sincera, imaginamos que o sofrimento e carma negativo de todos os seres vivos se juntam sob o aspecto de uma fumaça preta, que se dissolve em nosso coração e destrói por completo nosso autoapreço. Geramos a forte convicção: "Agora, livrei todos os seres vivos do oceano do samsara e destruí minha mente de autoapreço". Retemos essa convicção por alguns instantes e, então, geramos alegria. Meditamos unifocadamente sobre essa alegria pelo maior tempo possível.

Para praticar o segundo método, enfocamos grupos específicos de seres, como os que habitam cada um dos seis reinos do samsara, e imaginamos que nós assumimos seus sofrimentos específicos.

Começamos com os seres que estão sofrendo nos infernos quentes:

Esses seres, que são minhas queridas mães, não têm outra escolha a não ser experienciar o tormento do fogo extremo por muitos éons. Como seria maravilhoso que eles se libertassem dessa terrível tortura o mais rapidamente possível. Que sejam salvos. Eu, pessoalmente, vou salvá-los.

Com essa mente compassiva, pensamos:

Possa eu tomar sobre mim todo o seu sofrimento e carma negativo e, como resultado, que eles sejam completamente libertados do sofrimento e de suas causas.

Com essa prece sincera, imaginamos que todo o sofrimento e carma negativo desses seres se juntam sob o aspecto de uma fumaça preta, que se dissolve em nosso coração e destrói por completo nosso autoapreço. Geramos a convicção: "Agora, livrei do sofrimento todos os seres que estavam nos infernos quentes e destruí minha mente de autoapreço". Retemos essa convicção por alguns instantes e, então, geramos alegria. Meditamos sobre essa alegria pelo maior tempo possível.

A seguir pensamos nos seres que estão sendo torturados nos infernos frios:

Todos esses seres-mães têm de experienciar o suplício do frio por muitos éons. Como seria maravilhoso que se libertassem desse sofrimento. Que sejam salvos. Eu, pessoalmente, vou salvá-los.

Com essa prece sincera, imaginamos que todo o sofrimento e carma negativo dos seres nos infernos frios se juntam sob o aspecto de uma fumaça preta, que se dissolve em nosso coração e destrói por completo nosso autoapreço. Geramos a convicção: "Agora, livrei do sofrimento todos os seres dos infernos frios e destruí minha mente de autoapreço". Retemos essa convicção por alguns instantes e, então, geramos alegria. Meditamos sobre essa alegria pelo maior tempo possível.

A seguir, enfocamos os seres do reino dos espíritos famintos. Relembrando que todos eles são nossas mães, contemplamos que eles agora têm de experienciar a dor e o tormento de intensa fome por muitos éons. Sentindo imensa piedade por eles, pensamos:

Como seria maravilhoso que não mais tivessem que enfrentar tais sofrimentos. Que eles sejam salvos do sofrimento. Eu, pessoalmente, vou salvá-los.

Com essa mente compassiva, fazemos uma intensa prece:

Que todos os seus sofrimentos de fome e sede e que todo seu carma não-virtuoso amadureçam em mim, e que, assim, eles sejam salvos do sofrimento e de suas causas.

Imaginamos que todo o sofrimento e carma negativo desses seres se juntam sob o aspecto de uma fumaça preta, que se dissolve em nosso coração e destrói por completo nosso autoapreço. Geramos a convicção: "Agora, livrei todos os espíritos famintos do seu sofrimento e destruí minha mente de autoapreço." Retemos essa convicção por alguns instantes e, então, geramos alegria. Mantemos esse sentimento com contínua-lembrança pelo maior tempo possível.

A seguir, enfocamos os seres que estão no reino dos animais e pensamos:

Todos esses lamentáveis seres-mães são forçados a experienciar profunda ignorância, maus-tratos, exploração, prisão, abate e muitos outros medos e tormentos. Como seria maravilhoso que pudessem ser libertados desses sofrimentos. Que sejam salvos. Eu, pessoalmente, vou salvá-los.

Imaginamos que todo o sofrimento e carma negativo desses seres se juntam sob o aspecto de uma fumaça preta, que se dissolve em nosso coração e destrói por completo nosso autoapreço. Ao mesmo tempo, todos os animais são salvos dos sofrimentos e de suas causas. Geramos a convicção de que, como resultado da nossa prática de tomar, eles foram completamente salvos e experienciam somente paz e felicidade, e que nós nos livramos do autoapreço. Retemos essa convicção por alguns instantes e, então, geramos alegria. Meditamos sobre essa alegria pelo maior tempo possível.

A seguir, enfocamos os seres do reino humano:

Todos os seres humanos - meus amigos, inimigos e os desconhecidos - estão submetidos, sem escolha, aos incontáveis sofrimentos provenientes do nascimento, envelhecimento, doença, dor e morte. Como seria maravilhoso que pudessem ser salvos desses tormentos. Que sejam salvos. Eu, pessoalmente, vou salvá-los. Que todo o seu sofrimento e carma negativo amadureçam em mim neste instante.

Imaginamos que todo o sofrimento e carma negativo dos seres humanos se juntam sob o aspecto de uma fumaça preta, que se dissolve em nosso coração e destrói por completo nosso autoapreço. Geramos a convicção: "Agora, livrei todos os seres humanos dos seus sofrimentos específicos e gerais e destruí minha mente de autoapreço". Retemos essa convicção por alguns instantes e, então, geramos alegria. Meditamos sobre essa alegria pelo maior tempo possível.

A seguir, focalizamos os seres do reino dos semideuses:

Cada um desses seres é minha bondosa mãe. No momento, eles estão submetidos aos sofrimentos de inveja e conflitos. Como seria maravilhoso que pudessem ser salvos do seu sofrer. Que sejam salvos. Eu, pessoalmente, vou salvá-los. Porque estou tomando seu sofrimento e carma negativo, que eles fiquem livres do seu tormento.

Imaginamos que sua inveja, agressividade, dor e desgraça se juntam sob o aspecto de uma fumaça preta, que se dissolve em nosso coração e destrói por completo nosso autoapreço. Geramos a convicção: "Agora, salvei todos esses seres do seu sofrimento e destruí minha mente de autoapreço". Retemos essa convicção por alguns instantes e, então, geramos alegria. Meditamos sobre essa alegria pelo maior tempo possível.

A seguir, voltamos nossa atenção para os seres do reino dos deuses:

Todos esses seres são minhas queridas mães. Por causa dos seus agregados contaminados, quando a morte se aproxima, eles passam pelo sofrimento de perder sua vitalidade, esplendor e felicidade. Como seria maravilhoso que pudessem ser libertados de seus medos e sofrimento. Que sejam salvos. Eu, pessoalmente, vou salvá-los. Que o sofrimento deles e suas causas amadureçam em mim neste instante.

Imaginamos que todo o sofrimento e o carma contaminado desses seres se juntam sob o aspecto de uma fumaça preta, que se dissolve em nosso coração e destrói por completo nosso autoapreço. Geramos a seguinte convicção: "Agora, livrei os deuses de seus sofrimentos e suas causas e destruí minha mente de autoapreço". Retemos essa convicção por alguns instantes e, então, geramos alegria. Meditamos sobre essa alegria pelo maior tempo possível.

É assim que tomamos o sofrimento de todos os seres dos seis reinos. Em cada reino, existem sofrimentos individuais e específicos a serem contemplados. Por exemplo, ao contemplar os sofrimento dos seres humanos, podemos nos deter nos sofrimentos de uma determinada pessoa doente, de um grupo de pessoas que sofre de uma doença específica ou dos enfermos em geral. Podemos também pensar naqueles que sofrem por causa de fome, seca, miséria, guerras, acidentes, desastres etc. Depois de ter escolhido nosso objeto, geramos uma mente de forte compaixão, fazemos preces e decidimos remover tais sofrimentos. Praticamos, então, o tomar conforme foi explicado. O mesmo método pode ser aplicado a qualquer situação que imaginemos.

Quem não está habituado com essa prática deve começar enfocando o sofrimento dos seus pais, filhos, amigos e familiares. Gradualmente, poderá ampliar seu foco até incluir seus vizinhos, as pessoas que moram na sua cidade, no seu país, os seres humanos em geral e, por fim, todos os seres dos seis reinos.

No final de cada sessão de meditação, fazemos a seguinte dedicatória:

Pelo poder dessas virtudes, que todos os seres vivos sejam libertados do sofrimento, carma negativo, perigo e medo.

Podemos fazer dedicatórias gerais ou dedicatórias com objetivos específicos, conforme desejarmos.

Em geral, há duas maneiras de purificar carma negativo: engajando-nos em práticas específicas de purificação ou experienciando sofrimento. Milarepa é um exemplo do segundo caso. Em sua juventude, ele criara pesado carma negativo por ter matado diversas pessoas. Mais tarde, seu Guia Espiritual, Marpa, deu-lhe a oportunidade de passar por várias situações difíceis, que lhe acarretaram graves provações. Esse sofrimento foi o meio pelo qual ele purificou todas as suas negatividades. Segundo um ditado tibetano, o sofrimento é como uma vassoura, que varre negatividades. A prática de tomar os sofrimentos alheios é um método supremo para purificar carma não-virtuoso, acumular mérito e aperfeiçoar nossa compaixão.

DAR POR MEIO DE AMOR

Existem três tipos de amor: o amor afetuoso, o amor apreciativo e o grande amor, ou o amor que deseja que os outros sejam felizes. Por meio de um exemplo, poderemos compreendê-los melhor. Se uma mãe reencontrar um de seus filhos depois de uma longa separação, ela ficará muito feliz e sentirá grande afeição por ele. Esse sentimento especial de afeição é o amor afetuoso. Por causa dessa afeição, a mãe considera seu filho muito precioso e deseja cuidar dele de maneira especial. Esse sentimento especial de proteção é o amor apreciativo. Por sentir amor afetuoso e amor apreciativo pelo filho, ao vê-lo infeliz, ela imediatamente deseja restabelecer sua felicidade. Esse desejo de ajudar os outros e de querer que eles sejam felizes é o grande amor.

Começamos gerando o amor afetuoso e, depois, geramos o amor apreciativo pelos outros seres vivos. Então, se meditarmos sobre sua falta de felicidade, naturalmente vamos gerar o grande amor. O grande amor será a nossa motivação para praticar o dar. Motivados por esse amor, decidimos: "Vou dar felicidade a todos os seres vivos".

No *Guia do Estilo de Vida do Bodhisattva*, Shantideva explica como fazer a meditação de dar. Ele diz:

E para beneficiar todos os seres vivos,
Vou transformar meu corpo numa joia-que-satisfaz-os-desejos iluminada.

Começamos a meditação pensando:

Que meu carma virtuoso amadureça em todos os seres vivos e que, assim, eles alcancem felicidade temporária e última.

Com essa prece intensa, imaginamos que nosso corpo se transforma numa joia-que-satisfaz-os-desejos de luz cintilante, cujos raios alcançam os seis reinos do samsara. Esses raios de luz purificam todos os ambientes do samsara e concedem aos seus habitantes tudo o que eles possam desejar. Os seres que estão nos infernos quentes recebem uma refrescante chuva; os que estão nos infernos de gelo recebem cálidos raios de sol; os espíritos famintos são saciados com alimentos e bebidas; os animais recebem sabedoria; os seres humanos satisfazem todos os seus desejos e necessidades; os semideuses recebem paz e satisfação; e os deuses obtêm liberdade. Geramos a convicção de que todos esses seres estão plenamente satisfeitos e experienciam êxtase incontaminado e sentimos grande alegria pela felicidade que todos acabam de encontrar. Retemos, então, esse sentimento de alegria, meditando unifocadamente sobre ele pelo maior tempo possível. Essa meditação de dar felicidade aos outros é um método supremo para acumular mérito e aumentar nossa mente de amor.

Monte esses dois na respiração.

Uma vez que tenhamos domínio sobre as práticas de tomar e de dar, seremos capazes de combiná-las com a nossa respiração. Isso tornará nossa prática muito mais poderosa. Como fazer? Conforme inspiramos, geramos uma forte compaixão por todos os seres vivos e pensamos que estamos sorvendo todos os seus sofrimentos sob o aspecto de uma fumaça preta. Essa fumaça entra pelas nossas narinas e desce até o coração, onde destrói por completo nossa mente de autoapreço. Prendemos a respiração por um instante e pensamos: "Agora todos os seres vivos estão livres do sofrimento, e meu carma negativo e autoapreço foram completamente purificados". Conforme expiramos, com uma forte motivação de amor, pensamos: "Estou dando minha felicidade e boas qualidades a todos os seres vivos". Então, usando a imaginação, emitimos raios de luz, que são, em essência, toda a nossa felicidade presente e futura. Geramos a convicção de que, como resultado da nossa prática, todos os seres experienciam pura felicidade.

Existe uma estreita ligação entre nossa mente e nossos ventos-energia interiores. Quando montamos a prática de tomar e dar na respiração, esta se conecta aos nossos ventos interiores, e isso nos ajuda a controlá-los; controlando nossos ventos, controlamos também nossas mentes. Quando nos familiarizarmos totalmente com essa prática, nossa respiração normal, até durante o sono, será transformada na prática de tomar e dar, e o processo de respirar em si se tornará significativo. Geshe Chekhawa, Je Tsongkhapa e muitos outros grandes Iogues eram capazes de transformar o ato de respirar desse modo. Quando estivermos completamente familiarizados com o tomar e dar, seremos capazes de montar essa prática na respiração em qualquer lugar ou situação - em pé, sentados, andando ou descansando - e isso nos ajudará a gerar estados de concentração extremamente estáveis e refinados.

A prática de tomar e dar também pode ser muito útil na cura de doenças. Se ela for feita com ênfase especial no tomar, até alguém que tenha uma doença incurável poderá obter uma remissão ou uma cura completa da doença. Por exemplo, se estivermos com câncer, devemos trazer à mente todos os seres que estão sofrendo da mesma doença e tentar gerar uma forte compaixão por eles. Então, tomamos a decisão:

Vou tomar o câncer de cada um desses seres, para que todos eles sejam salvos do sofrimento dessa enfermidade.

Visualizamos, então, seu câncer sob o aspecto de uma fumaça preta, que sai de cada um deles e se dissolve em nosso próprio câncer. Pensamos que, por ter feito isso, todos aqueles seres estão, agora, perfeitamente saudáveis de novo. Será que essa técnica cura, de fato, o câncer? Sim, porque o ato de tomar a doença e o sofrimento dos que estão com câncer com uma mente de compaixão irá purificar as ações negativas que causam a continuação do nosso próprio câncer. Curar o câncer é um desafio para a medicina, contudo, se uma pessoa com câncer purificar as ações negativas que causam o desenvolvimento da sua doença, ela poderá ser curada. A prática de tomar e dar é extremamente útil em todos os casos de doenças degenerativas. Essa é uma das razões pelas quais Geshe Chekhawa era capaz de ajudar os leprosos a se curarem. No Tibete, houve muitos doentes que, depois de terem sido diagnosticados como incuráveis pelos médicos, deram todas as suas posses, saíram de casa e foram para o cemitério para morrer; no cemitério, praticaram o tomar e dar com profunda concentração e, ao invés de morrerem, voltaram para casa completamente curados!

Antes de meditar sobre o tomar e dar, devemos oferecer, com muita fé, um mandala aos Budas, Bodhisattvas e demais seres sagrados e pedir suas bênçãos para que tenhamos uma experiência especial dessa prática. Podemos fazer isso recitando três vezes o precioso verso da sadhana *Oferenda ao Guia Espiritual*:

Portanto, ó compassivo, Venerável Guru, busco tuas bênçãos
Para que o sofrimento, as negatividades e as obstruções dos seres sencientes mães
Amadureçam em mim neste instante;
E, pela doação de minha felicidade e virtude aos outros,
Que todos os seres migrantes sejam felizes.

MEDITAR NA BODHICHITTA

Fazemos o tomar e dar com uma mente de grande compaixão e grande amor, desejando libertar todos os seres vivos do sofrimento e dar-lhes verdadeira felicidade. Entretanto, apenas desejar não basta. Se nosso filho caísse no mar e estivesse se afogando, não bastaria simplesmente desejar, ainda que fervorosamente, que ele fosse salvo; teríamos que fazer algo prático para salvá-lo. Do mesmo modo, depois de gerar a mente de grande compaixão, que deseja proteger todos os seres vivos do sofrimento, precisamos reconhecer que apenas sentir esse desejo é insuficiente para protegê-los. Temos de tomar a decisão de agir para salvar todos os seres vivos do seu sofrimento. Retendo essa resolução, meditamos sobre ela pelo maior tempo possível. Essa prática é conhecida como treino em intenção superior.

A seguir, nos perguntamos: "Embora eu queira proteger todos os seres vivos, será que sou capaz de fazer isso?". Depois de refletir cuidadosamente, entenderemos que só os seres iluminados possuem esse poder, porque só eles estão completamente livres de todas as obstruções e têm compaixão imparcial; só eles possuem os meios habilidosos e a imparcialidade para ajudar todos os seres vivos de diferentes maneiras. Compreendendo isso, tomamos uma decisão: "Vou alcançar a iluminação para o benefício de todos os seres vivos". Essa mente é a bodhichitta. Devemos retê-la com firmeza e meditar sobre ela pelo maior tempo possível.

A bodhichitta que geramos inicialmente é denominada bodhichitta artificial, porque ela depende de esforço. Porém, se continuarmos aperfeiçoando nossa bodhichitta por meio de meditação, ela acabará por surgir naturalmente, sem esforço. Essa bodhichitta espontânea é a verdadeira bodhichitta.

Enquanto estamos treinando a bodhichitta, é importante impedirmos que esse desejo especial se degenere. Faremos isso adotando uma prática diária que consiste em visualizar todos os Budas, Bodhisattvas e demais seres sagrados à nossa frente e repetir três vezes a seguinte promessa:

Doravante, até me tornar um Buda,
Guardarei, mesmo à custa da própria vida,
A mente que deseja alcançar a completa iluminação
Para libertar todos os seres vivos dos medos do samsara
e da paz solitária.

Essa prática estabiliza nossa bodhichitta e impede sua degeneração. O próximo passo é tomar os votos bodhisattva. Para isso, visualizamos a assembleia de Budas, Bodhisattvas e demais seres sagrados à nossa frente e, com compaixão por todos os seres vivos, pensamos: "Preciso alcançar a iluminação para o bem de todos os seres vivos. Para isso, vou tomar os votos Bodhisattva e praticar as seis perfeições". Com essa motivação, tomamos os votos, recitando três vezes a seguinte prece:

Ó Gurus, Budas e Bodhisattvas,
Peço, ouve o que agora direi.
Assim como os anteriores Sugatas
Geraram a mente de iluminação
E cumpriram todas as etapas
Do treinamento bodhisattva,
Também eu, para o bem de todos os seres,
Vou gerar a mente de iluminação
E cumprir todas as etapas
Do treinamento bodhisattva.

Depois de tomar os votos bodhisattva dessa maneira, devemos treinar as seis perfeições com a motivação de bodhichitta. Todas as práticas do Bodhisattva estão contidas nas seis perfeições: as perfeições de dar, disciplina moral, paciência, esforço, estabilização mental e sabedoria. Aperfeiçoando gradualmente essa prática, por fim, alcançaremos a grande iluminação. As seis perfeições são uma prática muito ampla e extremamente profunda, mas podemos treinar gradualmente praticando os 18 compromissos e os 22 preceitos do treino da mente, com a motivação de bodhichitta. Esses compromissos e preceitos serão explicados adiante.

A PRÁTICA NO INTERVALO ENTRE MEDITAÇÕES

Os três objetos, os três venenos e as três raízes virtuosas
São a breve instrução para a aquisição subsequente.

Neste contexto, os "três objetos" são os objetos atraentes, os não-atraentes e os neutros. Todos os objetos que percebemos pertencem a uma dessas categorias. Os "três venenos" são apego desejoso, ódio e ignorância; e as "três raízes virtuosas" são antiapego, antiódio e anti-ignorância. "Aquisição subsequente" refere-se à nossa prática no intervalo entre meditações.

Antiapego é uma mente virtuosa especial que se contrapõe ao apego desejoso; não é simplesmente uma ausência de apego. O antiapego é uma mente virtuosa, ao passo que a mera ausência de apego não é necessariamente virtuosa. Por exemplo, bebês não sentem apego por álcool, mas essa falta de apego não é uma virtude. Estritamente falando, antiapego é renúncia - o desejo de sair do samsara. Antiódio é uma mente virtuosa especial, como amor ou paciência, que atua como o oponente do ódio ou da raiva. Anti-ignorância é a sabedoria que atua como o oponente do agarramento ao em-si - a ignorância sobre a verdadeira natureza dos fenômenos.

Quando um dos três tipos de objetos aparece à mente de um ser comum, ele provoca o desenvolvimento de, no mínimo, um dos três venenos mentais. Objetos atraentes causam o surgimento de apego desejoso; objetos não-atraentes causam raiva; e objetos neutros causam ignorância. Para os seres comuns, todas as experiências fora da meditação originam um encontro com os três objetos e o desenvolvimento dos três venenos. No entanto, aqueles que têm um interesse especial em treinar a mente, devem tentar mudar isso e desenvolver as três mentes virtuosas em vez dos três venenos. Sempre que encontrarmos algo atraente, tentaremos não gerar apego, mas cultivar antiapego. Sempre que encontrarmos algo desagradável, tentaremos não gerar aversão ou raiva, mas cultivar antiódio. Sempre que encontrarmos objetos neutros, tentaremos não gerar ignorância, mas reconhecer sua natureza última, a ausência de existência inerente, e, assim, aumentar nossa sabedoria. Essa prática é denominada "contenção das portas das faculdades sensoriais".

Praticando a contenção das portas das nossas faculdades sensoriais continuamente, descobriremos por experiência pessoal como esse método é eficaz para apaziguar nossos venenos mentais e aumentar nossa compaixão e mérito. Quando atingirmos o ponto em que todo objeto nos levar a desenvolver mentes virtuosas, nossa própria vida se tornará nossa prática espiritual. Mais informações sobre os três venenos mentais e as três raízes virtuosas podem ser encontradas no livro *Como Entender a Mente*.

Se acharmos que nossos esforços para conter as portas das faculdades sensoriais durante o intervalo entre meditações não são suficientemente fortes para superarmos um intenso apego ou raiva, poderemos seguir um outro método. Primeiro, tentamos encontrar a delusão. Estaria ela em algum lugar dentro do corpo? No coração, na cabeça? Qual é sua real natureza? Depois de examinar cuidadosamente, descobriremos que a delusão não pode ser encontrada - ela desaparece por completo. O mesmo método pode ser usado para superar a ignorância e outras delusões.

Nossa prática no intervalo entre meditações apoia nossa prática na sessão de meditação e vice-versa, e as duas juntas nos ajudam a alcançar realizações rapidamente. Porém, essa prática da aquisição subsequente não é fácil porque vimos nos familiarizando com os três venenos desde tempos sem início - tanto que essas delusões surgem naturalmente, até quando estamos dormindo. Portanto, é preciso que sejamos pacientes e determinados na nossa prática.

Como praticantes do treino da mente, devemos praticar o

Dromtonpa

tomar sempre que os três venenos surgirem em nossa mente. Com forte compaixão, pensamos:

> *Assim como eu, todos os seres-mães possuem essa doença crônica, as delusões. Que o apego, a raiva e a ignorância deles amadureçam em mim, para que todos eles possam se livrar da doença dos três venenos mentais.*

Para se lembrar disso,
Treine por palavras em cada atividade.

Esses dois versos do texto raiz nos aconselham a memorizar certas palavras a fim de recitá-las nos momentos oportunos, de modo que elas nos lembrem da nossa prática essencial de trocar eu por outros e, especialmente, de tomar e dar. As escrituras contêm muitas citações que podemos usar como inspiração. Por exemplo, num Sutra, referindo-se à história do Bodhisattva Norsang, Buda disse:

> Deves pensar assim: "Que eu possa tomar sobre mim os sofrimentos dos migrantes e que meu corpo se transforme em qualquer coisa que eles considerem benéfico".

No sutra *Louvor às Ações Supremas*, Buda disse:

> Que os infinitos sofrimentos
> De deuses, semideuses e humanos,
> Yama, animais e seres-inferno amadureçam em mim,
> E que os migrantes recebam toda felicidade.

No *Guia do Estilo de Vida do Bodhisattva*, Shantideva disse:

> Quaisquer que sejam os sofrimentos dos seres vivos,
> Que eles amadureçam unicamente em mim;
> E pelo poder das virtudes e aspirações dos Bodhisattvas,
> Possam todos os seres experienciar felicidade.

E nos *Oito Estrofes do Treino da Mente*, Geshe Langri Tangpa disse:

> Em resumo, possa eu, direta e indiretamente,
> Oferecer ajuda e felicidade a todas as minhas mães.
> E, secretamente, tomar sobre mim
> Todos os seus males e sofrimentos.

Recitar repetidamente qualquer desses versos durante nossas atividades diárias vai nos ajudar a lembrar a prática de tomar e dar ao longo do dia.

Bodhichitta Última

TREINAR A BODHICHITTA ÚLTIMA

Revele o segredo àquele que alcançou firmeza.

Tendo gerado a bodhichitta convencional por meio das meditações anteriores, agora treinaremos a bodhichitta última, meditando sobre a vacuidade com a motivação de bodhichitta. Só praticantes mahayana treinam a bodhichitta última. Praticantes hinayana meditam sobre a vacuidade motivados, principalmente, por renúncia, não pela bodhichitta. Aqueles que ainda não realizaram a vacuidade devem se engajar nesse treino para obter uma compreensão inicial da vacuidade; e aqueles que já possuem algum entendimento da vacuidade devem treinar para aprofundar sua experiência.

A sabedoria que realiza a vacuidade liberta a mente das duas obstruções - as obstruções à libertação e as obstruções à onisciência -, que são a raiz de todos os nossos problemas. A não ser que removamos tais obstruções da nossa mente, permaneceremos para sempre nesse estado deludido e infeliz. Treinando a vacuidade com a motivação de bodhichitta, libertaremos nossa mente das duas obstruções e alcançaremos, assim, a plena iluminação. Por essa razão, dedicar toda a nossa vida para aperfeiçoar nossa experiência e compreensão da vacuidade seria uma boa recomendação. A sabedoria que realiza a vacuidade é como um remédio, pois remove completamente nosso sofrimento; portanto, devemos tomar esse remédio supremo sem nenhum receio.

Alguém que queira adotar a vacuidade como sua prática principal deve primeiro adquirir experiência nas práticas básicas, meditando sobre a preciosa vida humana, a impermanência, as ações e seus efeitos, e todas as etapas do caminho que conduzem à bodhichitta convencional. Esta última é particularmente importante. O verso do texto raiz, "Revele o segredo àquele que alcançou firmeza", indica que devemos meditar sobre a vacuidade somente quando tivermos obtido uma firme compreensão e experiência das meditações budistas básicas, especialmente das meditações sobre a bodhichitta convencional. Nesse contexto, o termo "segredo" refere-se à vacuidade em geral e à bodhichitta última em particular, as quais devem ser mantidas secretas para os que não têm experiência no Dharma básico.

Se a vacuidade for explicada inabilidosamente àqueles que não possuem experiência básica de Dharma, haverá o risco de eles entenderem mal as instruções e, em vez de realizarem a visão correta da vacuidade, caírem na visão equivocada e extrema do nada, pensando que a vacuidade significa que nada existe. Para evitar esse perigo, um professor habilidoso não revelará a vacuidade logo de início, mas se concentrará em ajudar o estudante a ter uma experiência dos ensinamentos mais elementares, que lhe darão uma base firme para desenvolver, mais tarde, uma compreensão inequívoca da vacuidade.

O treino da bodhichitta última divide-se em duas partes:

1. Treinar a vacuidade durante a sessão de meditação;
2. Treinar a vacuidade no intervalo entre meditações.

TREINAR A VACUIDADE DURANTE A SESSÃO DE MEDITAÇÃO

O texto raiz revela três maneiras de treinar a vacuidade durante a sessão de meditação:

1. Meditar sobre a vacuidade dos fenômenos;
2. Meditar sobre a vacuidade da mente;
3. Meditar sobre a vacuidade do eu.

MEDITAR SOBRE A VACUIDADE DOS FENÔMENOS

Pense que todos os fenômenos são como sonhos.

Nessa meditação, tomamos os fenômenos exteriores como nosso objeto e reconhecemos que eles são completamente desprovidos de existência inerente e que sua natureza é como a de um sonho. No *Sutra Rei da Concentração*, Buda explica claramente a verdadeira natureza dos fenômenos:

> Em um sonho, uma moça conhece um rapaz e vê que ele está morrendo.
> Ela está feliz por encontrá-lo e infeliz por vê-lo morrendo.
> Devemos compreender que todos os fenômenos são assim.

No sonho descrito por Buda, o rapaz é simplesmente uma aparência à mente da moça que está sonhando e não possui uma existência real, independente. A moça, contudo, não entende que está sonhando e, porque o rapaz lhe aparece como real, ela sente prazer ao vê-lo. O fato de o rapaz estar morrendo também é uma mera aparência e não é inerentemente existente, porém, de novo, devido à ignorância da moça, ela acha que ele está realmente morrendo e sente pesar. Todos nós temos esse tipo de experiência nos sonhos, muito embora vejamos coisas diferentes em nossos sonhos devido ao carma de cada um.

Todos os objetos que encontramos quando estamos acordados - agradáveis, desagradáveis ou neutros - são como objetos de um sonho, no sentido de que são meras aparências à mente e não têm uma existência independente, ou inerente. Contudo, devido à nossa ignorância, assumimos que eles são verdadeiramente existentes. É por isso que, ao vermos coisas bonitas, geramos apego desejoso e, ao vermos coisas desagradáveis, sentimos desagrado ou raiva. Assim, embora todos os fenômenos sejam meras aparências à mente, por causa da

Geshe Potowa

nossa ignorância, acreditamos que eles são verdadeiramente existentes e geramos mentes deludidas a seu respeito.

Shantideva fornece uma clara e profunda apresentação da vacuidade no nono capítulo do *Guia do Estilo de Vida do Bodhisattva*. Esse capítulo é muito profundo e deve ser lido atentamente e com forte concentração. Não se pode encontrar outra explicação mais clara sobre a vacuidade. Nesse capítulo, Shantideva diz que devemos examinar de que modo nos aferramos a um corpo inerentemente existente. Quando pensamos "eu tenho um corpo forte e saudável", o que aparece à nossa mente de maneira nítida é um corpo distinto das suas partes. Nesse momento, não estamos pensando em nossos braços, pernas etc., mas num corpo que parece existir em separado das suas partes, ou seja, um corpo verdadeiramente existente.

Se nosso corpo fosse verdadeiramente existente, ele teria que existir de uma das seguintes três maneiras: como uma de suas partes; como o agrupamento, ou coleção, de suas partes; ou como algo diferente dessas duas maneiras. Devemos agora investigar se ele existe de uma dessas maneiras. Primeiro, vamos verificar se o corpo é uma das suas partes. É claro que esse não é o caso, porque os braços não são o corpo, as pernas não são o corpo e assim por diante. Eles não são o corpo porque são partes do corpo. Se cada um deles fosse o corpo, haveria muitos corpos ao invés de um só, o que claramente não é o caso.

A segunda possibilidade é que o corpo seja o agrupamento de suas partes, mas, visto que nenhuma das partes individuais é o corpo, como poderia o agrupamento em si ser o corpo? As partes do corpo são, todas elas, não-corpos; logo, a coleção das partes também tem de ser "não-corpo". O agrupamento das partes do corpo é a base para imputarmos corpo; não pode ser o corpo em si. Um ponto mais sutil, que requer cuidadosa reflexão, é que o agrupamento das partes do corpo não é o corpo porque o agrupamento é apenas partes do corpo.

A terceira possibilidade é que o corpo exista como algo diferente de suas partes ou do agrupamento de suas partes, talvez como um possuidor desligado de suas partes. Se o corpo existisse desse modo, onde poderíamos encontrá-lo? Sempre que apontamos para o corpo, apontamos para uma parte do corpo; não para um objeto que seja separado das partes do corpo e que as possua. Quando olhamos para o corpo, vemos somente partes do corpo. Se não houvesse partes, não haveria corpo; logo, não há um corpo separado de suas partes. Portanto, o corpo não existe nas suas partes e também não existe separado delas. Ele existe meramente como um fenômeno imputado às suas partes.

Muito embora não exista um corpo verdadeiramente existente, contudo, porque nossa mente está confusa e apreende as partes do corpo como verdadeiramente existentes, nós percebemos um corpo verdadeiramente existente. No *Guia do Estilo de Vida do Bodhisattva*, Shantideva apresenta a analogia de alguém que está andando num campo ao cair da tarde e, ao ver uma pilha de pedras, equivoca-se, tomando-as por uma pessoa. Do mesmo modo, na escuridão da nossa ignorância, apreendemos equivocadamente as partes do corpo como se fossem um corpo verdadeiramente existente. Assim, Shantideva diz:

> Portanto, não há corpo verdadeiramente existente,
> Mas, por causa da ignorância, percebemos um corpo nas mãos etc.,
> Do mesmo modo que uma mente apreende equivocadamente uma pessoa
> Quando observa uma pilha de pedras ao entardecer.

Se fizermos repetidamente essa meditação analítica, procurando de maneira sistemática pelo nosso corpo, perderemos a percepção normal que temos dele e, em seu lugar, aparecerá uma vacuidade. Essa vacuidade é a ausência de existência inerente do nosso corpo. Devemos nos concentrar nessa vacuidade unifocadamente, retendo-a com forte contínua-lembrança. Essa meditação é denominada "o estreito-posicionamento da contínua-lembrança do corpo".

Se a natureza última do corpo é vacuidade, de que modo o corpo existe? Ele existe como algo em um sonho, como uma mera aparência à mente. Já que o corpo não existe do seu próprio lado mas é uma mera aparência à mente, não há base para gerarmos apego por ele. Conforme indaga Shantideva, "que pessoa sensata geraria apego por formas oníricas?".

Devemos primeiro tentar compreender a vacuidade do nosso próprio corpo e, depois, com base nisso, aplicar o mesmo método de análise aos outros fenômenos. Quando, por meio da meditação analítica, compreendermos a vacuidade dos fenômenos que não são o corpo, posicionaremos nossa mente nessa vacuidade, retendo-a com contínua-lembrança. Essa meditação é denominada "o estreito-posicionamento da contínua-lembrança dos fenômenos".

Essas duas meditações no estreito-posicionamento são citadas no verso do texto raiz: "Pense que todos os fenômenos são como sonhos".

MEDITAR SOBRE A VACUIDADE DA MENTE

Analise a natureza não-nascida da cognição.

Aqui, "cognição" refere-se à mente. Esse verso do texto raiz nos aconselha a analisar a natureza da mente. A natureza última da mente é sua ausência de existência inerente e ela é "não-nascida" porque não é produzida por causas. Para meditar na vacuidade da mente, podemos aplicar o mesmo processo de investigação que usamos para meditar na vacuidade do corpo.

Quer nossa mente esteja feliz, quer infeliz, nós sempre a percebemos como uma entidade que existe independente de tudo o mais. Mas, na realidade, nossa mente é meramente imputada pelo pensamento conceitual na dependência de seus próprios momentos passados, presentes e futuros. A mente não existe do seu próprio lado. Se existisse, poderíamos encontrá-la entre seus momentos passados, presentes ou futuros.

Mas, se investigarmos, não conseguiremos encontrá-la nem em seu próprio continuum nem separada dele. A inencontrabilidade da mente por meio de investigação é uma clara indicação de que ela não existe do seu próprio lado.

Devemos meditar sobre essa vacuidade, ou ausência de existência inerente da mente, com concentração unifocalizada, pelo maior tempo possível. Essa meditação é denominada "o estreito-posicionamento da contínua-lembrança da mente". Podemos examinar do mesmo modo as nossas sensações e, com contínua-lembrança, meditar unifocadamente sobre sua ausência de existência inerente. Essa meditação é denominada "o estreito-posicionamento da contínua-lembrança das sensações".

O verso do texto raiz, "Analise a natureza não-nascida da cognição", refere-se tanto ao estreito-posicionamento da contínua-lembrança da mente como ao estreito-posicionamento da contínua-lembrança das sensações. Assim, este verso e o anterior fazem referência aos quatro estreitos-posicionamentos da contínua-lembrança que observam a vacuidade. Eles foram explicados com clareza por Shantideva no nono capítulo do *Guia do Estilo de Vida do Bodhisattva*; um comentário a esse texto pode ser encontrado no livro *Contemplações Significativas*.

MEDITAR SOBRE A VACUIDADE DO EU

Até o próprio oponente está livre de existir do seu próprio lado.

Esta próxima linha do texto raiz refere-se à meditação sobre o vazio de pessoas. Ensina-nos que, por meio da meditação, compreenderemos claramente que nós mesmos também carecemos de existência inerente, ou independente. Aqui, a palavra oponente refere-se à pessoa que está lutando para superar e eliminar o agarramento ao em-si .

Quando, por meio de meditação analítica, tivermos compreendido que o corpo é vazio de existência inerente, também estaremos aptos a compreender que a pessoa, ou eu, é vazia de existência inerente. Como disse Shantideva no *Guia do Estilo de Vida do Bodhisattva*:

> Uma vez que não há corpo verdadeiramente existente,
> Quem é homem verdadeiramente existente e quem é
> mulher verdadeiramente existente?

Sabemos que homens e mulheres têm corpos diferentes, com características peculiares, mas, uma vez que não há um corpo inerentemente existente, como haveria homens inerentemente existentes e mulheres inerentemente existentes? Se homens e mulheres não existem inerentemente, como pode haver uma pessoa, ou eu, inerentemente existente? Devemos refletir cuidadosamente sobre esses pontos muitas vezes. Se surgirem ideias negativas, que perturbem nossa contemplação, não devemos nos deixar levar por elas. Em vez disso, devemos estimular pensamentos que possam ajudar e sustentar a nossa compreensão da vacuidade.

Imediatamente antes de pensar eu, percebemos um dos nossos cinco agregados ou mais. Esses agregados são: forma, sensação, discriminação, fatores de composição e consciência. Na dependência de percebermos nossos agregados, instantaneamente desenvolvemos o pensamento eu, e acreditamos firmemente tratar-se de um eu real e inerentemente existente. Entretanto, se tentarmos encontrar esse eu entre os agregados de corpo e mente, não conseguiremos encontrá-lo, porque nem o corpo nem a mente são o eu.

Quando dizemos meu corpo e minha mente, concebemos um eu que é diferente dos nossos agregados de corpo e mente; contudo, é só porque percebemos nossos agregados que nos agarramos tão fortemente a um eu independente. Por mais que procuremos, nunca encontraremos um eu que exista independentemente do nosso corpo e nossa mente. Essa inencontrabilidade do eu indica que o eu é uma mera aparência à mente. Desse modo, podemos compreender que o eu não existe do seu próprio lado.

Ponha o caminho efetivo na base de tudo.

Os quatro versos anteriores do texto raiz referem-se à meditação analítica na vacuidade, e esse verso refere-se à meditação posicionada na vacuidade. Em alguns Sutras e Tantras, Buda usa o termo base de tudo para indicar a vacuidade. No *Sutra Coração*, é dito que todos os fenômenos, como as formas, são manifestações da sua vacuidade. Nesse sentido, a vacuidade é a base de todos os fenômenos. Portanto, neste contexto, base de tudo refere-se à vacuidade, a natureza última de todos os fenômenos, incluindo mentes e pessoas.

Se estivermos, por exemplo, meditando sobre a vacuidade do nosso corpo, primeiro usaremos argumentos lógicos para obter um entendimento aproximativo da vacuidade do nosso corpo e depois tomaremos essa vacuidade como nosso objeto de meditação. Quando, continuando a fazer meditação analítica, percebermos a vacuidade claramente, vamos nos concentrar unifocadamente na vacuidade e meditar pelo maior tempo possível. Essa é a meditação posicionada sobre a vacuidade, o caminho efetivo à libertação.

Para eliminar por completo as duas obstruções, temos de alcançar a bodhichitta última - uma sabedoria, motivada pela bodhichitta convencional, que realiza diretamente a vacuidade. Contudo, não é possível realizar diretamente a vacuidade sem antes ter alcançado a estabilização mental do tranquilo-permanecer. Para tanto, podemos tomar como nosso objeto de meditação uma compreensão aproximativa da vacuidade e, então, avançar gradualmente pelas nove permanências mentais até alcançarmos o tranquilo-permanecer. Continuando a meditar sobre a vacuidade com a mente do tranquilo-permanecer, por fim, alcançaremos a visão superior que observa a vacuidade. Depois, meditando com a união do tranquilo-permanecer e da visão superior que observa a vacuidade, por fim, alcançaremos a sabedoria que realiza diretamente a vacuidade. Outras informações sobre o tranquilo-permanecer e a visão superior podem ser encontradas nos livros *Caminho Alegre da Boa Fortuna* e *Contemplações Significativas*.

Ao alcançar a realização da bodhichitta convencional, ingressamos no primeiro dos Cinco Caminhos Mahayana, o caminho da acumulação. Ao alcançar a visão superior que observa a vacuidade, ingressamos no segundo caminho mahayana, o da preparação. Ao alcançar a sabedoria que realiza diretamente a vacuidade, obtemos a realização da bodhichitta última e ingressamos no terceiro caminho mahayana, o da visão. Com meditações posteriores, avançaremos para o quarto caminho mahayana, o da meditação; e continuando a meditar, ingressaremos, por fim, no quinto caminho mahayana, o Caminho do Não-Mais-Aprender - a etapa da plena iluminação.

TREINAR A VACUIDADE NO INTERVALO ENTRE MEDITAÇÕES

Entre sessões, considere todos os fenômenos como ilusórios.

No intervalo entre meditações, devemos lembrar que tudo o que aparece à nossa mente é vazio de existência inerente. Embora todos os fenômenos continuem a aparecer como se existissem inerentemente, devemos lembrar que eles são por natureza vazios. Nesse sentido somos como um mágico, que é capaz de invocar a aparição de um cavalo ou de outro animal. Ainda que um cavalo apareça à sua mente, ele não se deixa enganar por essa aparição e não pensa tratar-se de um cavalo de verdade. Do mesmo modo, ainda que, nos intervalos entre meditações, os fenômenos continuem a aparecer à nossa mente como se fossem inerentemente existentes, não nos deixamos enganar por essa aparência, mas lembramos que, na realidade, eles são completamente vazios de existência inerente. Desse modo, consideramos que todos os fenômenos são ilusórios.

A profundidade da nossa compreensão e experiência sobre a vacuidade nos intervalos entre meditações dependerá da experiência que tivermos durante as sessões de meditação. Se formos bem-sucedidos durante as meditações, também o seremos nos intervalos.

Geshe Sharawa

Transformar Condições Adversas no Caminho à Iluminação

São muitos os obstáculos que encontramos nestes tempos impuros, e, portanto, precisamos de um método especial para transformar condições difíceis em causas de caminhos espirituais que trazem pura felicidade. Se não formos capazes de transformar circunstâncias adversas em causas de caminhos espirituais, acharemos extremamente difícil manter a mente serena, que é necessária para concluir nossas práticas espirituais.

Não são apenas as condições desagradáveis que podem impossibilitar ou atrapalhar nossa prática espiritual. Por exemplo, depois de ganhar uma fortuna inesperada, uma pessoa que antes se empenhava em praticar o Dharma pode ficar totalmente distraída com atividades mundanas e perder o interesse pelas práticas virtuosas. Obstáculos desse tipo podem ser encontrados tanto por indivíduos como por comunidades. A princípio, uma comunidade espiritual pode ser bastante modesta e, apesar disso, proporcionar a seus membros um ambiente de paz e harmonia, onde todos estão satisfeitos com sua prática espiritual. Se mais tarde a comunidade enriquecer, seus membros poderão se ver envolvidos em muito trabalho e atividades distrativas e, como resultado, sua pura prática de Dharma poderá rapidamente se degenerar.

Assim como a riqueza que não é usada para criar avanço espiritual pode causar problemas, também a falta de recursos pode ter o mesmo efeito. Pobreza e privações podem acarretar desânimo e desalento e até levar as pessoas a desistirem totalmente da sua prática de Dharma.

Por causa desses perigos, nunca devemos permitir que

razões materiais atrapalhem nossa prática. Precisamos transformar quaisquer circunstâncias que encontrarmos, boas ou ruins, em caminho espiritual, canalizando todas as nossas ações para uma direção virtuosa. Essa prática é extremamente importante. Aqueles que a fizerem com sucesso nunca terão de passar por ansiedade ou desânimo, mas conseguirão permanecer calmos e serenos em todas as circunstâncias.

Há duas maneiras de transformar condições adversas em caminho à iluminação:

1. Transformar condições adversas em caminho adotando uma linha de pensamento especial;
2. Transformar condições adversas em caminho por meio da prática das preparações.

TRANSFORMAR CONDIÇÕES ADVERSAS EM CAMINHO ADOTANDO UMA LINHA DE PENSAMENTO ESPECIAL

Quando o recipiente e o conteúdo estão cheios de mal,
Transforme condições adversas em caminho à iluminação.
Aplique meditação a quaisquer circunstâncias que encontrar.

Nesse contexto, "recipiente" refere-se ao mundo, e "conteúdo", aos seres que o habitam. A primeira linha, "Quando o recipiente e o conteúdo estão cheios de mal", refere-se ao fato de o mundo e seus habitantes estarem repletos do efeito do carma negativo - condições adversas e sofrimentos. Se um país sofrer uma grande catástrofe que cause imenso sofrimento, como uma inundação ou um terremoto, pode-se dizer que esse país está "cheio" do efeito do carma negativo que foi acumulado por seus habitantes. O mesmo vale para todas as circunstâncias ruins do mundo. Fome, seca etc. são resultados de ações negativas acumuladas coletivamente por aqueles que experienciam tais infortúnios. Se nossa família experienciar infortúnios, como ter a casa incendiada, ou se nossos mais acalentados sonhos não se concretizarem, saberemos que isso está acontecendo devido a ações negativas que cometemos juntos no passado. Se individualmente formos acometidos por uma doença física grave, tivermos problemas mentais sérios ou formos muito infelizes, poderemos dizer que estamos "cheios" dos frutos de ações negativas passadas. Igualmente, quando sofremos qualquer perda ou diminuição das nossas riquezas mundanas, estamos experienciando os resultados do nosso carma negativo. Em todos esses casos, terá chegado a hora de transformarmos tais fatos infelizes em caminho espiritual. Nas circunstâncias boas e ruins, devemos aplicar as meditações adequadas, como compaixão, bodhichitta e tomar e dar.

Há duas maneiras de transformar condições adversas em caminho adotando uma linha de pensamento especial:

1. Transformar condições adversas em caminho por meio do método;
2. Transformar condições adversas em caminho por meio da sabedoria.

TRANSFORMAR CONDIÇÕES ADVERSAS EM CAMINHO POR MEIO DO MÉTODO

Para transformar condições adversas por meio do método, mudamos nossa atitude frente às adversidades lembrando-nos dos ensinamentos sobre o caminho do método. Por exemplo, sempre que estivermos em situações difíceis, devemos nos lembrar dos ensinamentos sobre o carma e, imediatamente, reconhecer que todas essas dificuldades são o resultado das nossas próprias ações negativas passadas. É assim que devemos agir se ficarmos doentes, pobres e sem amigos ou se tivermos algum terrível acidente; se formos ignorados, difamados ou fisicamente agredidos; se sofrermos de angústia mental, depressão e assim por diante. Devemos tentar aprender com as adversidades e pensar: "As condições adversas pelas quais estou passando me ajudam a lembrar que, se quero me livrar dos sofrimentos que elas trazem, tenho de purificar as ações negativas que acumulei no passado. Esses infortúnios são um encorajamento para que eu purifique minhas negatividades". Devemos, então, aplicar um dos métodos para purificar carma negativo. Dessa maneira, em vez de nos causarem dor, as condições adversas se converterão em meios para evitar sofrimentos futuros e intensificar nossa prática espiritual.

Também devemos lembrar que os sofrimentos e as condições adversas que experienciamos ocorrem porque renascemos no samsara, cuja natureza é o próprio sofrimento. Se não estivéssemos no samsara, não haveria base para experienciarmos tais condições. Portanto, quando os sofrimentos surgem, devemos vê-los como uma lição sobre os perigos do samsara e nos encorajar a buscar a libertação. Por exemplo, se estivermos doentes, pensaremos: "Porque nasci no samsara, sofro de doenças; logo, preciso escapar do samsara o mais rapidamente possível". Desse modo, geramos um forte desejo de alcançar a libertação. Esse desejo de escapar do samsara é renúncia, e, quando geramos essa mente, ingressamos no caminho espiritual à libertação.

Quando chega o verão nos países tropicais, muita gente se muda para áreas mais frescas a fim de escapar do calor. Da mesma maneira, quando experienciamos os sofrimentos mentais ou físicos do samsara, devemos gerar o desejo de escapar do samsara. Se usarmos nosso sofrimento para gerar e fortalecer nossa renúncia, ele se tornará um sábio conselheiro e uma causa de realizações espirituais. Pensar dessa maneira contribuirá até para reduzir a dor, porque nossa atenção será desviada para pensamentos positivos. Alguns praticantes são tão hábeis em transformar condições adversas em caminho que chegam a desejar que seu sofrimento aumente a fim de poderem aperfeiçoar sua prática.

Só o treino no Dharma nos capacita a transformar nossos

pensamentos de maneira tão positiva. Quando pessoas sem esse preparo são confrontadas com um grande infortúnio, elas não sabem como lidar com a situação; ficam tristes, deprimidas e se voltam para os amigos em busca de conforto. Com a sabedoria do Dharma, contudo, os problemas e as adversidades tornam-se causas de renúncia e de outras mentes virtuosas. Na realidade, se nunca sofrêssemos condições adversas, é improvável que conseguíssemos gerar mentes virtuosas como a renúncia, porque é difícil gerar um desejo genuíno por liberdade enquanto desfrutamos de uma vida fácil e prazerosa.

Condições adversas também podem ser usadas como um meio para aumentar nossa compaixão pelos outros. Quando encontramos problemas, devemos pensar nos incontáveis seres que estão experienciando sofrimentos de todo tipo, em geral bem mais graves que os nossos, e assim gerar um desejo de que os outros se livrem dos seus sofrimentos. Esse desejo é compaixão.

Conforme a força da nossa compaixão aumentar, também aumentará nosso desejo de agir para livrar todos os seres do sofrimento. Nesse ponto, podemos fazer a prática de tomar e dar. Começamos visualizando-nos rodeados por incontáveis seres que estão doentes e sofrendo e, com uma mente de grande compaixão, decidimos tomar sobre nós todos os seus sofrimentos, com alegria e boa vontade. Depois, fazemos a meditação de tomar e dar de acordo com o que foi explicado. Isso nos ajudará a aperfeiçoar nossa grande compaixão e a prevenir nossa própria doença. Gerar o desejo compassivo de aceitar o sofrimento dos outros tem o poder de purificar o carma negativo que causa a nossa própria doença.

Quando os Bodhisattvas comuns experienciam qualquer sofrimento, por menor que seja, sua compaixão pelos seres sencientes se fortalece, pois eles veem seu próprio sofrimento como um exemplo do sofrimento dos outros. Os deuses dos reinos da forma e da sem-forma acham difícil sentir compaixão pelos seres do reino do desejo, porque eles próprios não experienciam sensações de sofrimento manifesto. Pelas mesmas razões, eles também acham difícil gerar renúncia. Nesse sentido, os seres humanos são mais afortunados que os deuses, porque o nosso sofrimento pode nos levar a gerar renúncia e grande compaixão. Além disso, podemos usar todas as situações infelizes para cultivar outras boas qualidades, como paciência, amor e bodhichitta. Como disse Shantideva, no *Guia do Estilo de Vida do Bodhisattva*:

> Ademais, o sofrimento tem muitas boas qualidades.
> Experienciando-o, podemos aplacar o orgulho,
> Gerar compaixão por aqueles que estão presos no samsara,
> Abandonar não-virtude e nos deleitar em virtude.

Uma pessoa que pratique sinceramente transformar condições adversas em caminho encontrará muitas qualidades no sofrimento e, por isso, permanecerá sempre calma e corajosa.

TRANSFORMAR CONDIÇÕES ADVERSAS EM CAMINHO POR MEIO DA SABEDORIA

Para transformar condições adversas em caminho por meio da sabedoria, precisamos nos lembrar da nossa sabedoria que realiza a vacuidade. Sempre que formos confrontados com sofrimentos ou dificuldades, lembraremos que as três esferas - nós mesmos, que estamos experienciando o sofrimento; a experiência do sofrimento em si; e o objeto ou a condição que causa o nosso sofrimento - são vazios de existência inerente. Por exemplo, se estivermos doentes e sentindo dor, lembraremos que os três, nós mesmos, nossa dor e a doença que está causando a dor, somos vazios de existência inerente. A seguir, concentramo-nos unifocadamente na vacuidade pelo maior tempo possível. Essa prática aumentará nossa sabedoria e reduzirá nosso sofrimento e desânimo. Continuando a meditar, por fim, obteremos uma realização direta da vacuidade e, assim, eliminaremos completamente a raiz de todo sofrimento.

Condições adversas são meras imputações feitas por mentes conceituais, que as rotulam como "adversas"; elas não existem inerentemente. Quando nossa compreensão a esse respeito se estabilizar, as dificuldades não vão mais causar ansiedade e frustração ou interromper nossa prática de Dharma. Suponhamos que duas pessoas estejam sofrendo da mesma doença; uma delas transforma sua dor física em prática espiritual, ao passo que a outra não o faz. Aquela que cultiva uma atitude positiva permanecerá calma e cordial o tempo todo, mesmo no ápice da dor, e isso poderá até favorecer sua recuperação. Já a outra pessoa se tornará deprimida e ansiosa, e essa atitude poderá agravar seu estado. Pensando em exemplos assim, crescerá nosso entusiasmo pela prática de transformar condições adversas.

TRANSFORMAR CONDIÇÕES ADVERSAS EM CAMINHO POR MEIO DA PRÁTICA DAS PREPARAÇÕES

Aplicar as quatro preparações é o método supremo

A prática das quatro preparações é o método supremo para transformar condições adversas em caminho por meio de ações. As quatro preparações são:

1. A preparação de acumular mérito;
2. A preparação de purificar negatividades;
3. A preparação de dar comida aos espíritos obstrutores;
4. A preparação de fazer oferendas aos Protetores do Dharma.

A PREPARAÇÃO DE ACUMULAR MÉRITO

Sempre que passamos por infortúnio ou doença, devemos reconhecer que isso é resultado de nossas próprias ações negativas ou falta de mérito. Já que não queremos voltar a ter tais experiências no futuro, precisamos nos esforçar para corrigir essa falha. Se nossa vida atual fosse durar para sempre, não precisaríamos nos preocupar com os efeitos das nossas ações negativas. Contudo, nossa vida pode acabar a qualquer momento - talvez amanhã ou hoje mesmo. Portanto, qualquer infortúnio que surgir deve imediatamente nos estimular a fazer práticas para acumular mérito. Sempre que realizarmos essas práticas, devemos fazer oferendas aos Budas, Bodhisattvas e demais seres sagrados e pedir que nos assistam.

O melhor método para acumular mérito é agradar nosso Guia Espiritual com nossas palavras e ações. Outra excelente fonte de mérito é cuidar de nossos bondosos pais e prestar-lhes assistência material. Existem muitas outras maneiras de acumular mérito, como salvar vidas, ajudar os pobres, pintar imagens sagradas ou esculpir estátuas de Buda, ouvir ensinamentos, tomar notas ou copiar textos de Dharma, dar conselhos e ensinamentos de Dharma, visualizar as feições de Buda, cultivar grande compaixão e bodhichitta, praticar o tomar e dar, fazer prostrações com fé, respeitar os outros (especialmente nossos pais e professores), servir aos outros, tentar controlar nossa raiva, tornar as pessoas felizes, manter visões corretas e uma boa motivação, gerar fé em Buda, Dharma e Sangha e nos regozijarmos com as virtudes alheias e seus resultados. Acumulamos mérito sempre que ajudamos os outros da maneira que pudermos. Para ampliar nossa acumulação de mérito, devemos sempre dedicar nossas ações virtuosas para o benefício dos outros.

Se formos pobres, não devemos desanimar, mas nos esforçar ao máximo para obter a verdadeira riqueza interior, as realizações de Dharma, pois essa riqueza é a real fonte de felicidade e paz mental. Com contentamento, seremos felizes mesmo sem riquezas; entretanto, com descontentamento, seremos infelizes por mais ricos que nos tornemos. É importante compreender que felicidade e infelicidade dependem da mente. Quando somos confrontados com uma situação desfavorável, devemos considerá-la como uma sábia conselheira e usá-la como um meio para acumular mérito. Desse modo, até a pobreza pode nos levar a caminhos virtuosos, ao passo que, sem essa atitude, estaremos constantemente preocupados com a nossa falta de recursos.

Circunstâncias adversas podem nos ajudar a praticar ações virtuosas de muitas maneiras. A morte de um familiar ou amigo, por exemplo, pode despertar nosso interesse pelo Dharma. Foi o que aconteceu ao mestre Gampopa, em sua juventude. Ele e sua esposa eram completamente devotados um ao outro, mas, após alguns anos de casamento, ela morreu, e Gampopa mergulhou num profundo pesar. Confrontado com a realidade da morte e da impermanência, ele enxergou claramente as falhas do samsara e procurou professores de Dharma capazes de ensiná-lo a alcançar a libertação. Seguindo professores preciosos como Geshe Jayulwa e Milarepa, ele se tornou um ser realizado. No caso de Gampopa, um grande pesar tornou-se a causa direta para que ele seguisse um caminho virtuoso. Essa experiência não é exclusiva de Gampopa e poderia acontecer a qualquer um de nós.

Engajando-nos na prática de transformar condições adversas, estaremos preparados para enfrentar quaisquer dificuldades que surjam em nossa vida. Como foi dito, se não tivéssemos problemas, nunca tomaríamos a decisão de só praticar ações virtuosas.

A PREPARAÇÃO DE PURIFICAR NEGATIVIDADES

A simples manifestação do sofrimento já deveria nos lembrar da sua causa: nossas próprias ações negativas. Uma vez que compreendemos que nosso sofrimento atual é fruto do nosso próprio carma negativo, vamos nos abster das ações não-virtuosas que acumulam mais carma negativo e que trazem mais sofrimento no futuro e vamos purificar todo o carma negativo anteriormente acumulado. Não sabemos quais foram as ações negativas que cometemos no passado; logo, não sabemos quais os sofrimentos que nos esperam se não praticarmos purificação. Quanto mais difíceis forem as nossas circunstâncias, mais encorajados a praticar purificação devemos nos sentir. Desse modo, vamos aprender a transformar todas as nossas dificuldades em caminhos virtuosos.

Se o telhado da nossa casa estiver com goteiras, e a água pingar pelo forro, não iremos nos sentar de braços cruzados, sem tomar providências; tentaremos encontrar o furo e tapá-lo. Do mesmo modo, quando estamos sofrendo, devemos examinar as causas do sofrimento, nossas ações não-virtuosas, e aplicar o remédio: purificação. Em vez de ficarmos preocupados com o sofrimento em si, devemos tomar providências. Essa é a preparação de purificar negatividades.

A purificação do nosso carma negativo solucionará nossos problemas e nos ajudará a cultivar realizações espirituais. Uma purificação intensa feita diariamente por um longo período purificará por completo até o mais pesado carma negativo; uma purificação menos intensa reduzirá levemente nossas negatividades; e um pouco de purificação impedirá que cresça o poder das ações negativas que já acumulamos. Assim, qualquer grau de purificação é muito benéfico.

A força da purificação depende de como os quatro poderes oponentes são aplicados. Se forem aplicados de maneira vigorosa e regular, nossa purificação será poderosa; mas, se forem aplicados com menos vigor e regularidade, nossa purificação será menos efetiva.

Os quatro poderes oponentes são:

1. O poder do arrependimento;
2. O poder da confiança;
3. O poder da força oponente;
4. O poder da promessa.

O PODER DO ARREPENDIMENTO

Refletindo com cuidado sobre os perigos das ações negativas, desenvolveremos um sincero arrependimento de tê-las cometido. Se tomássemos uma gota de veneno, por menor que fosse, ficaríamos apavorados com as possíveis consequencias desse ato. Ora, nosso medo do efeito das nossas ações negativas passadas deveria ser muito maior. Um veneno exterior pode nos deixar doentes ou até nos matar; mas nos prejudica somente nesta única vida. Já o veneno interior, nosso carma negativo, irá nos prejudicar em todas as vidas futuras. Uma vez que esse veneno já está dentro de nós, temos razão de sobra para nos apavorar. Se, contemplando dessa maneira, gerarmos um forte remorso por nossas ações negativas passadas, estaremos gerando o poder do arrependimento. Um arrependimento sincero nos impedirá de repetir tais ações negativas. Contudo, sem arrependimento, não apenas deixaremos de purificar nossas ações negativas, como estaremos sujeitos a repeti-las vezes sem fim. Quanto mais arrependimento gerarmos, mais poderosa será nossa purificação.

O PODER DA CONFIANÇA

Nossas ações negativas têm dois alvos principais: os seres vivos e as Três Joias. A maioria das nossas ações negativas são cometidas contra os seres vivos. Por exemplo, motivados por apego, raiva ou ignorância, somos capazes de matar, roubar, mentir e assim por diante. Sob a influência dessas delusões, também cometemos ações negativas contra os seres elevados, como os Budas, os Bodhisattvas e nossos Guias Espirituais. Algumas vezes, motivados por visões errôneas, criamos o pesado carma negativo de abandonar o Dharma, negar a existência de seres iluminados ou desrespeitar a Sangha.

Para purificar essas ações negativas, devemos praticar o poder da confiança. Confiaremos nas Três Joias buscando refúgio e confiaremos nos seres sencientes gerando compaixão e bodhichitta. Quanto mais intensamente buscarmos refúgio nas Três Joias e quanto mais forte for a nossa compaixão pelos seres vivos, mais poderosa será a nossa purificação.

O PODER DA FORÇA OPONENTE

O terceiro poder oponente é o antídoto em si às ações negativas. Se sentirmos arrependimento por nossas ações negativas passadas, qualquer ação virtuosa que fizermos com o desejo de purificar se converterá num antídoto às nossas ações negativas e será o poder da força oponente.

O PODER DA PROMESSA

O quarto poder oponente é a promessa de não repetir ações negativas no futuro. Sem essa promessa, a aplicação dos quatro poderes oponentes será incompleta, e as não-virtudes do passado não serão purificadas. Esse poder pode ser aplicado em diversos níveis. Pode haver ações negativas que somos capazes de abandonar completamente e sobre as quais nos sentimos seguros para prometer que não voltaremos a cometê-las pelo resto desta vida. Existem outras, contudo, cuja interrupção nos parece mais difícil e, por isso, devemos prometer abandoná-las pelo tempo que julgarmos possível - alguns anos, um ano, um mês ou até um dia. Quando praticamos purificação em geral, devemos prometer que não cometeremos nem mesmo uma ação negativa por, no mínimo, um dia ou por mais tempo, se possível.

Em resumo, para fazer a prática de purificar negatividades por meio dos quatro poderes oponentes, precisamos primeiro compreender que, nesta vida e em nossas vidas passadas, já cometemos inúmeras ações não-virtuosas. Essas ações vão nos trazer muito sofrimento nesta vida, impedindo-nos de satisfazer nossos desejos e arremessando-nos nos reinos inferiores nas vidas futuras. Considerando isso, sentiremos arrependimento e medo do nosso carma negativo acumulado. Então, visualizamos todos os Budas, Bodhisattvas e demais seres sagrados no espaço à nossa frente e, confiando plenamente em seu poder de nos proteger, recitamos a prece de refúgio. A seguir, aplicamos o poder da força oponente, executando alguma ação virtuosa, como fazer prostrações ou recitar mantras. Por fim, prometemos não voltar a cometer ações prejudiciais por um certo período e concluímos com a dedicatória: “Por essa ação virtuosa, que todos os seres vivos, inclusive eu, possamos ser completamente libertados do carma negativo". Se praticarmos assim todos os dias, conseguiremos purificar gradualmente todo o nosso carma negativo.

Apenas meditar, ainda que com grande esforço, não basta para alcançarmos as realizações de Dharma. A fim de criar as condições corretas para uma meditação bem-sucedida, precisamos também nos engajar nas práticas para acumular mérito e purificar negatividades. Dessa maneira, nossa prática progredirá rapidamente.

A PREPARAÇÃO DE DAR COMIDA AOS ESPÍRITOS OBSTRUTORES

Nossa infelicidade e mentes desequilibradas são frequentemente causadas por espíritos maus, que destroem nossos estados mentais serenos e virtuosos, provocando o surgimento repentino de fortes delusões, como raiva e apego. Quando isso acontece, nossa mente fica obscurecida e temos muita dificuldade de nos concentrar em objetos virtuosos. Podemos até gerar visões errôneas, que podem nos levar a desistir da nossa prática de Dharma ou a seguir caminhos incorretos. Os espíritos também podem nos prejudicar fisicamente. Doenças, brigas, conflitos ou desastres relacionados com fogo, terra ou água e mesmo intempéries podem ser causados por espíritos.

Os praticantes de Lojong com experiência na prática de tomar e dar podem transformar todas essas condições adversas em caminho espiritual e, desse modo, aumentar sua compaixão, amor, bodhichitta e visão correta da vacuidade. Esses praticantes dão comida aos espíritos, fazendo uma prece: "Suas ações prejudiciais estão me ajudando a praticar o Lojong; reconheço sua grande bondade para comigo. Por favor, aceitem essa comida e continuem a dificultar as coisas para mim". Quem não está familiarizado com a prática do Lojong pode dar comida aos espíritos e guardiões locais, com a prece: "Por favor, não sintam inveja de mim e não me prejudiquem, mas me ajudem a concluir minha prática de Dharma".

Quando damos comida aos espíritos, podemos confeccionar as tormas tradicionais ou optar por outros tipos de comida fresca. Depois de abençoar o alimento com o mantra OM AH HUM, dedicamos nossa oferenda aos espíritos e a colocamos num lugar alto e limpo.

A PREPARAÇÃO DE FAZER OFERENDAS AOS PROTETORES DO DHARMA

Dois fatores são essenciais para o sucesso da nossa prática de Dharma: a eliminação de obstáculos e a acumulação de condições favoráveis. Para realizá-los, temos de confiar nos Protetores do Dharma.

Há quem pense que Protetores do Dharma são meras fantasias criadas pelos budistas mahayana, mas isso é incorreto. Protetores do Dharma não diferem de Budas e Bodhisattvas. Isso ficará claro se entendermos de que modo os Budas e Bodhisattvas atuam. Eles nos ajudam de duas maneiras principais: manifestando-se como Guias Espirituais, que ensinam o Dharma e conduzem os seres à iluminação, ou assumindo a forma de diferentes Protetores do Dharma, que removem obstáculos e propiciam condições favoráveis aos praticantes. Por e se motivo, em muitos sutras e tantras, Buda Shakyamuni deu explicações sobre a natureza e a função dos diferentes Protetores do Dharma e ensinou como confiar neles. Mahakala, por exemplo, é uma das diversas manifestações do Bodhisattva Avalokiteshvara como Protetor do Dharma; e Kalarupa é uma manifestação do Bodhisattva Manjushri. Outros bodhisattvas também se emanam como Protetores do Dharma. Todos os Protetores prometeram a Buda que removeriam as condições adversas à prática do Dharma e que criariam condições favoráveis ao seu êxito. Essas são suas principais funções. A extensão da ajuda que recebemos dos Protetores do Dharma depende da nossa fé e de como confiamos neles. Se confiarmos neles com pureza e forte fé, é certeza que receberemos sua ajuda.

Para termos sucesso no treino da mente ou em qualquer outra prática espiritual, devemos fazer oferendas aos Protetores do Dharma com muita fé e pedir-lhes que removam nossos obstáculos e condições adversas. Em particular, devemos pedir que nossa prática de transformar condições adversas em caminho espiritual seja bem-sucedida. Receber a ajuda dos Protetores do Dharma é muito importante, já que, no momento atual, temos pouco poder para superar obstáculos e criar condições favoráveis.

Geshe Chekhawa

Como Incorporar Todas as Nossas Práticas Diárias

Essa breve instrução essencial
Deve ser aplicada com as cinco forças.

Estes versos do texto raiz significam que devemos incorporar todas as práticas diárias de Dharma às cinco forças, pois esse método especial fará com que nossas práticas frutifiquem. As cinco forças são: a força da motivação, a força da familiaridade, a força da semente branca, a força da destruição e a força da prece de aspiração. Há duas ocasiões em que devemos praticar as cinco forças: antes da morte e na hora da morte.

APLICAR AS CINCO FORÇAS ANTES DA MORTE

Precisamos treinar as duas bodhichittas em conjunto com as cinco forças, aplicando as cinco forças a cada prática específica, tais como equalizar eu com outros e trocar eu por outros. Se soubermos como aplicar as cinco forças a uma dessas práticas, saberemos aplicá-las a todas as demais. Segue-se agora uma explicação de como aplicar as cinco forças antes da morte à prática de equalizar eu com outros.

A FORÇA DA MOTIVAÇÃO APLICADA ANTES DA MORTE À PRÁTICA DE EQUALIZAR EU COM OUTROS

Neste contexto, força da motivação, ou intenção, significa ter um forte desejo de praticar equalizar eu com outros e adotar a firme decisão: "De agora em diante, praticarei equalizar eu com outros com sinceridade e empenho". Se tivermos essa motivação, o esforço que investiremos será poderoso e consistente e, como resultado, certamente alcançaremos a realização de equalizar eu com outros. Tudo pode ser alcançado com esforço, até coisas que à primeira vista nos pareciam inatingíveis. Já que esforço depende de motivação, a força da motivação é da maior importância.

Devemos tentar nos lembrar do desejo de equalizar eu com outros o tempo todo. Por exemplo, quando acordamos todos os dias, devemos gerar uma resolução especial: "Hoje, vou tentar equalizar eu com outros o dia inteiro". Depois, antes de nos deitar, devemos gerar outra firme resolução. Tudo o que fazemos depende de tomarmos uma decisão. Por exemplo, seremos capazes de acordar cedo se na noite anterior tomarmos uma firme decisão de fazê-lo. O mesmo pode ocorrer com a nossa prática. Se, antes de dormir, tomarmos uma firme decisão de praticar o equalizar eu com outros, vamos manter essa intenção durante toda a noite. Então, ao acordar, renovaremos nossa decisão de manter a prática o dia todo. É desse modo que aplicamos a força da motivação à prática de equalizar eu com outros.

A FORÇA DA FAMILIARIDADE APLICADA ANTES DA MORTE À PRÁTICA DE EQUALIZAR EU COM OUTROS

Aplicar a força da familiaridade à prática de equalizar eu com outros significa familiarizar nossa mente com a prática. Depois de cultivar a força da motivação conforme explicado, devemos praticar repetidamente o equalizar eu com outros, tanto na sessão de meditação como nos intervalos, até obtermos uma experiência profunda e estável. No Dharma, a repetição das práticas é algo muito importante. É como aprender a dançar. A princípio, é difícil aprender os passos, e nos sentimos um tanto desajeitados, mas, treinando regularmente, habituamo-nos aos poucos com os movimentos e, por fim, somos capazes de executá-los naturalmente e com facilidade. Da mesma forma, meditar em equalizar eu com outros pode ser difícil no começo, mas, praticando regularmente, habituamo-nos com isso, e nossa experiência evolui de maneira simples e natural. Para adquirir maestria na prática de equalizar eu com outros, assim como em todas as atividades, precisamos de motivação e familiaridade.

A FORÇA DA SEMENTE BRANCA APLICADA ANTES DA MORTE À PRÁTICA DE EQUALIZAR EU COM OUTROS

Aqui, "semente" refere-se à coleção de mérito, e "branca" significa virtuosa. Assim como o cultivo de plantas depende de sementes e de condições favoráveis, a aquisição e o aperfeiçoamento de uma experiência pura de Dharma dependem de uma coleção de mérito.

Entre os diversos métodos para aumentar nossa coleção de mérito, a prática diária das seis preparações, em particular a prática de fazer oferendas, é especialmente importante. Quando fazemos oferendas aos Budas e Bodhisattvas, podemos visualizá-los à nossa frente ou dispor diante de nós uma representação da forma de Buda, como uma estátua ou pintura, e considerá-la a corporificação de todos os seres iluminados. Então, diante dos Budas e Bodhisattvas visualizados ou de suas representações, podemos dispor oferendas efetivas - água pura, flores, incenso, luz e comida - ou apenas imaginar essas substâncias e oferecê-las mentalmente, considerando-as completamente puras. Podemos também oferecer a primeira porção de tudo o que comemos ou bebemos aos Budas e Bodhisattvas com a seguinte prece:

À Joia Buda, O Abençoado supremo,
À Joia Dharma, Protetor supremo,
À Joia Sangha, Amigos supremos,
A vós, as mais sublimes Três Joias, faço oferendas.

Depois de fazer oferendas dessa maneira, podemos desfrutar da comida e bebida.

Podemos, ainda, oferecer mentalmente os diversos prazeres deste mundo, como jardins e parques ornamentais, lindos lagos e montanhas, flores, rios, pedras preciosas, ouro e prata e todos os tipos de deliciosas iguarias. Devemos considerar como puras todas as coisas que são desfrutadas neste mundo pelos seres vivos, oferecê-las aos seres iluminados e imaginar que eles as aceitam com deleite. Outra forma de oferenda é o oferecimento do mandala, que devemos tentar fazer três vezes ao dia, incluindo nele tudo o que desejamos oferecer.

Quando fazemos oferendas, devemos nos lembrar da bondade dos seres vivos, gerar compaixão por eles e fazer a oferenda aos Budas e Bodhisattvas, pedindo que todos os seres vivos sejam beneficiados com nossa ação. Aplicando métodos como fazer oferendas a todos os seres sagrados com fé e praticar o dar a todos os seres vivos com compaixão, nossa coleção de mérito vai aumentar, e nosso desejo de obter a realização de equalizar eu com outros será naturalmente satisfeito. Como disse Buda:

> Quem acumulou mérito suficiente
> Pode satisfazer todos os seus desejos.
> Eliminando os obstáculos dos maras,
> Alcançará facilmente a meta da sagrada iluminação.

A FORÇA DA DESTRUIÇÃO APLICADA ANTES DA MORTE À PRÁTICA DE EQUALIZAR EU COM OUTROS

Para obter realizações de Dharma, temos que recorrer à força da destruição, que é a aplicação de esforço intenso para eliminar obstáculos internos e externos. Obstáculos internos incluem delusões como agarramento ao em-si, autoapreço, preguiça, visão errônea, bem como as marcas das ações negativas que cometemos no passado. Obstáculos externos incluem não encontrar um professor qualificado, não ter a oportunidade de praticar o Dharma, ter uma vida curta e não ter condições de vida básicas.

Cada realização tem o seu próprio obstáculo específico. Por exemplo: a falta de fé em nosso Guia Espiritual nos impede de alcançar a realização de confiar em nosso Guia Espiritual, e apreender nosso corpo como permanente nos impede de realizar a impermanência do corpo. Do mesmo modo, o autoapreço dificulta nossa prática de equalizar e de trocar eu por outros, e raiva profundamente enraizada e falta de compaixão e amor nos impedem de realizar a bodhichitta. Nossas fortes tendências a adotar visões errôneas dificultam a compreensão da vacuidade, e nossas distrações atrapalham o desenvolvimento de pura concentração. Para eliminar todos esses obstáculos, que arruínam nossa prática de Dharma, precisamos aplicar a força da destruição. Em particular, para adquirir experiência em equalizar eu com outros e para aperfeiçoar essa mente, devemos nos empenhar para purificar nosso carma negativo e eliminar nosso autoapreço.

A FORÇA DA PRECE DE ASPIRAÇÃO APLICADA ANTES DA MORTE À PRÁTICA DE EQUALIZAR EU COM OUTROS

Devemos começar toda prática do treino da mente fazendo preces especiais para obter a realização daquela prática e concluir dedicando o mérito acumulado para essa mesma finalidade. Por exemplo, se formos meditar em equalizar eu com outros, devemos fazer repetidos pedidos para que todos os seres iluminados nos abençoem a fim de obtermos essa realização específica. Depois de completar a meditação, faremos uma prece dedicando todo nosso mérito para obtermos a realização de equalizar eu com outros.

Se praticarmos o equalizar eu com outros juntamente com as cinco forças, certamente obteremos realizações especiais. Entendendo como usar as cinco forças na prática de equalizar eu com outros, seremos capazes de aplicá-las a todas as nossas práticas espirituais.

Para nos encorajar, podemos considerar o exemplo do professor kadampa Geshe Ben Gungyal, famoso pela maneira como usava constantemente a contínua-lembrança no treino da mente. Da manhã até a noite, ele observava sua mente, examinando a qualidade de cada pensamento que surgia. A cada pensamento negativo, colocava uma pedra preta no chão à sua frente; e a cada pensamento positivo, colocava ali uma pedra branca. No final do dia, contava as pedras. Quando as brancas eram mais numerosas, ele se cumprimentava, apertando vigorosamente as mãos, e louvava a si próprio, intitulando-se "Venerável Geshe". Mas, quando predominavam as pretas, ele se castigava com duras palavras: "Descarado, patife, charlatão! Não temes a morte? Como podes ser tão confiante, tendo uma mente tão traiçoeira?". Depois, extraía de si a promessa de não permitir que tais mentes negativas reaparecessem. Se nosso desejo de domar a nossa mente for sério, e se quisermos, de fato, tornar nossa vida significativa, temos que praticar como Geshe Ben Gungyal.

APLICAR AS CINCO FORÇAS NA HORA DA MORTE

As cinco forças são a prática mais importante
Das instruções sobre a transferência mahayana.

Estes versos do texto raiz se referem à prática das cinco forças na hora da morte. Explicam que, para os praticantes mahayana, essa prática é o método essencial de transferência de consciência. A principal prática dos praticantes mahayana é gerar compaixão, bodhichitta e visão correta da vacuidade. Se, na hora da morte, eles conseguirem fazer essas práticas em associação com as cinco forças, serão capazes de transferir sua consciência para a Terra Pura de um Buda.

A FORÇA DA MOTIVAÇÃO APLICADA NA HORA DA MORTE

Quando a hora da morte chegar, precisaremos gerar uma motivação especial para determinar onde acontecerá nosso próximo renascimento. Nessa hora, devemos pensar: "Para ajudar e proteger os outros seres vivos, vou renascer na Terra Pura de um Buda"; ou "Vou ter um precioso renascimento humano"; ou qualquer outra coisa que tenhamos decidido. Motivados dessa maneira, devemos reter a mente de compaixão e de amor pelos outros até nosso último suspiro. Se praticarmos desse modo com sinceridade, o poder de gerar uma motivação tão especial certamente nos fará renascer no lugar desejado. Em nossa próxima vida, teremos um poder especial para proteger os outros, gerar bodhichitta e obter outras realizações mahayana.

A FORÇA DA FAMILIARIDADE APLICADA NA HORA DA MORTE

Devemos tentar transformar qualquer condição que esteja causando nossa morte - acidente ou doença - numa oportunidade de praticar o tomar e dar e de gerar compaixão, amor e a sabedoria que realiza a vacuidade. Quando a morte for iminente, em vez de deixar que a dor e outras dificuldades impeçam nossa prática, deveremos transformá-las em causas para aumentar nossa familiaridade com mentes virtuosas, como amor e compaixão, e continuar nos familiarizando com essas mentes virtuosas até nosso último suspiro. Desse modo, conseguiremos transportar nossa prática de Lojong para a nossa próxima vida, sem que ela se degenere.

A FORÇA DA SEMENTE BRANCA APLICADA NA HORA DA MORTE

Visto que a hora da nossa morte é totalmente incerta, precisamos praticar muitos tipos de ação virtuosa para nos prepararmos para nossas vidas futuras. Quando os sinais da morte surgirem, deveremos fazer um esforço especial para aumentar nossa coleção de mérito e para purificar nosso carma negativo, praticando as seis preparações e fazendo oferendas aos Budas e Bodhisattvas.

Quando estivermos nos aproximando da morte, não devemos nos preocupar em deixar nossos bens para trás, mas, sim, agir como alguém que sai de férias despreocupadamente, sem pensar nas coisas que deixou em casa. Enquanto nos restar tempo, devemos aproveitar a oportunidade para acumular mérito distribuindo os nossos pertences. Podemos usar nosso dinheiro e bens para acumular mérito, oferecendo-os a comunidades espirituais e a obras de caridade ou doando-os aos necessitados. Desse modo, não teremos posses às quais nos apegar na hora da morte.

Algumas pessoas têm um grande apego pelo seu corpo e sentem medo de deixá-lo. Se, na hora da morte, além de todas as ações negativas que acumulamos, também gerarmos forte apego pelo nosso corpo, correremos o risco de ter um nascimento desafortunado. Certa vez, na época de Buda Shakyamuni, apareceu numa praia o cadáver de uma mulher, em cuja cabeça vivia um grande verme. De vez em quando, o verme saía por uma das narinas e, logo a seguir, entrava pela outra. O verme saia do cadáver apenas por alguns instantes e parecia ter medo de ficar longe da sua morada. Se alguém tentava removê--lo, ele sempre voltava para o mesmo lugar. Tal comportamento intrigou as pessoas, que decidiram pedir a Buda que explicasse aquilo. Depois de examinar o caso, Buda disse que a falecida cometera ações negativas que resultaram naquele renascimento como um verme; na hora da sua morte, ela estava fortemente apegada ao seu corpo e, por isso, renasceu como um verme morando dentro do seu antigo corpo. Então, Buda ensinou aos presentes qual é a relação entre ações e seus efeitos e os aconselhou a abandonarem o apego pelo corpo na hora da morte.

Outra história que ilustra o perigo de gerarmos apego na hora da morte aconteceu com um homem que vivia perto do meu primeiro mosteiro no Tibete. Ele havia juntado algumas moedas de prata e as escondeu num pote de chá. Um dia, sofreu um derrame e ficou com a fala comprometida. Em seu leito de morte, o agonizante balbuciava repetidamente: "Pote de chá, pote de chá...". O amigo que o assistia achou que ele pedia chá e não deu muita atenção àquelas palavras. O homem morreu, sua casa foi vendida e, quando seus pertences estavam sendo removidos, alguém encontrou o pote com as moedas de prata. Dentro do pote, também estava uma pequena serpente. As pessoas quebraram o pote e tentaram expulsar a serpente. Mas o animal tornou-se muito agressivo, resistindo para não se separar das moedas. Um importante Lama que tinha poderes de clarividência explicou que a serpente era a reencarnação do dono das moedas. Ao ouvir isso, o amigo que estivera com o moribundo compreendeu o significado de seus insistentes pedidos pelo pote de chá.

Antes da nossa morte, é fundamental que usemos nossos bens para acumular mérito, fazendo oferendas aos seres sagrados e às comunidades de Dharma e praticando generosidade com os necessitados. Também devemos tentar eliminar qualquer tipo de apego por coisas materiais e, em particular, pelo nosso corpo. Desse modo, vamos ser capazes de morrer com uma mente serena e virtuosa. É assim que se aplica a força da semente branca na hora da morte.

A FORÇA DA DESTRUIÇÃO APLICADA NA HORA DA MORTE

Os maiores obstáculos para renascer numa Terra Pura búdica - como Keajra, a Terra Pura de Vajrayogini, ou Sukhavati, a Terra Pura de Amitabha - ou no reino humano são o carma negativo e fortes delusões na hora da morte. Por esse motivo, é preciso purificar nossas ações negativas antes de morrer e, na hora da morte, confiar nos oponentes para coibir fortes delusões. É vital impedir o surgimento de fortes delusões, como raiva, inveja ou apego, quando estivermos morrendo, e manter a mente calma e serena ao longo de todo o processo da morte.

A FORÇA DA PRECE DE ASPIRAÇÃO APLICADA NA HORA DA MORTE

Ao reconhecer os sinais de morte iminente, devemos fazer preces de aspiração e dedicatórias aos Budas, Bodhisattvas e demais seres sagrados. Visualizamos todos eles no espaço à nossa frente e, com grande fé, repetimos várias vezes o seguinte pedido:

> *Por favor, concedei vossas bênçãos para que eu obtenha um renascimento elevado, quer na Terra Pura de um Buda, quer no reino humano. Então, praticando continuamente o treino da mente, possa eu rapidamente alcançar o estado da Budeidade.*

Se nossas ações sempre forem negativas, nossa condição de humanos não terá nada de muito especial; o corpo será um corpo humano, mas nosso comportamento não será muito diferente do comportamento de um animal. Como disse Shantideva, de nada servirá alguém ter vida longa se usá-la somente para cometer ações não-virtuosas. Tal pessoa não conseguiu entender o significado da vida humana. Portanto, quando rezamos para obter uma vida humana, devemos pedir para ter um renascimento dotado com os sete atributos da linhagem superior: nobreza, grande beleza, grandes recursos, grande poder, grande sabedoria, boa saúde e vida longa. Se tivermos um renascimento humano dotado com essas sete qualidades, especialmente a grande sabedoria, teremos as melhores condições para praticar o Dharma. Se, ao morrer, fizermos a prece de aspiração para obter esse renascimento e nos mantivermos conscientes disso ao longo do processo da morte, certamente obteremos outra preciosa vida humana.

Todas as inúmeras ações que executamos - boas, más e neutras - deixaram marcas impressas em nossa mente. Na hora da morte, se rezarmos para os Budas atenderem nossas preces de aspiração, as marcas deixadas por nossas ações virtuosas vão amadurecer, fazendo-nos renascer com uma preciosa vida humana ou como um deus ou numa Terra Pura. Portanto, é essencial cultivar uma mente positiva e virtuosa na hora da morte.

Precisamos nos preparar para as nossas vidas futuras. Do mesmo modo que queremos ser felizes ao longo de toda esta vida, tanto na juventude como na velhice, também deveríamos querer ser felizes em todas as nossas vidas futuras. A duração das vidas futuras é bem mais longa que a duração da vida atual; logo, nossas vidas futuras são muito mais importantes do que esta vida. Não podemos pressupor que nossas vidas futuras estejam muito distantes - nossa próxima vida pode começar hoje! Se tivéssemos certeza de que esta vida fosse durar muito tempo, poderíamos nos dar ao luxo de ser alegres e despreocupados. Mas, todos os dias, ouvimos falar de pessoas que morrem inesperadamente, vítimas de ataques cardíacos, derrames, acidentes de carro etc. A vida humana é muito incerta.

Reconhecendo a importância das nossas vidas futuras, devemos aplicar as cinco forças na hora da morte. Uma vez que nossa habilidade de fazê-lo dependerá da nossa experiência de Dharma anterior, devemos começar, desde já, a nos familiarizar completamente com a prática pura de Dharma. Então, quando a hora chegar, seremos capazes de transformar nossa morte em caminho espiritual.

Geshe Chilbuwa

Como Medir o Sucesso no Treino da Mente

Existem seis sinais de progresso no treino da mente, os quais são indicados nos próximos seis versos do texto raiz.

Todo o Dharma está condensado num único propósito.

O Dharma pode ser classificado de diversas maneiras e praticado em muitos níveis. Por exemplo, pode ser dividido em Hinayana e Mahayana e, dentro do Mahayana, em Sutra e Tantra. Dentro dessas classificações gerais, existem muitas outras subdivisões. Embora exista um grande número de práticas de Dharma, todas elas têm um propósito comum: são métodos para subjugar nossa mente descontrolada.

Nossa mente atual é como um elefante selvagem, fora de controle e difícil de domar. Governados por essa mente descontrolada, enfrentamos muitas dificuldades e problemas. Se disciplinarmos e apaziguarmos nossa mente selvagem, assumiremos o controle e, assim, ficaremos livres dos nossos problemas atuais. A princípio, pensamentos negativos ainda poderão surgir, mas já não terão poder sobre nós e não nos levarão a cometer as ações negativas que são a base de todos os nossos problemas. Com esse autocontrole, estaremos sempre calmos e compostos, e nossa mente permanecerá estável em todas as circunstâncias. Tendo obtido paz e estabilidade com o controle da nossa mente, poderemos, por fim, alcançar a paz da libertação e a meta espiritual última, a Budeidade.

Um sinal correto de que estamos treinando com sucesso é que nossa mente se tornará mais serena e controlada. Por outro lado, se nos intitularmos praticantes de Dharma, mas nossa mente estiver cada vez mais indisciplinada, isso indicará que estamos praticando incorretamente. A prática efetiva do treino da mente exige habilidade.

Retenha a principal das duas testemunhas.

As duas testemunhas são os sinais interiores e exteriores de progresso. Se nossas ações de corpo e de fala forem calmas e comedidas, os outros poderão tomar isso como um sinal de que somos praticantes bons e sinceros. Contudo, os sinais interiores de progresso são muito mais importantes, e é por essa razão que o texto raiz se refere a eles como a testemunha principal. Ter controlado e superado mentes negativas, como autoapreço e agarramento ao em-si, são exemplos de sinais interiores.

É possível exibir sinais exteriores de que controlamos nossa mente sem termos quaisquer sinais interiores. Em *Carta Amigável*, Nagarjuna ilustra isso com a analogia de uma manga - que pode parecer madura por fora, mas continuar verde por dentro. De modo similar, uma pessoa pode parecer muito calma e controlada por fora, mas continuar tendo uma mente indisciplinada. Portanto, os sinais exteriores ou visíveis de progresso não são suficientes. Nossa preocupação maior deve ser a de controlar nossa mente.

Confie sempre apenas numa mente feliz.

A medida de que treinamos nossa mente é estarmos sempre calmos e felizes. Antes do treino, nossa mente muda de acordo com as circunstâncias. Quando os tempos são favoráveis, somos felizes; quando pioram, ficamos infelizes. Nossa mente é tão instável que, num instante, pode passar da felicidade e excitação ao abatimento e desânimo. Uma mente controlada permanecerá calma e feliz em quaisquer condições. Alguns estudiosos e meditadores chamaram o treino da mente de "a cidade que é a fonte de felicidade". Neste, mundo, existem muitas cidades que se orgulham de oferecer uma rica variedade de prazeres e divertimentos, mas a única "cidade" que provê felicidade verdadeira e duradoura é o treino da mente. Se, por meio da prática do treino da mente, conseguirmos manter a mente feliz até em situações difíceis, isso indicará claramente que nossa prática do Lojong foi bem-sucedida.

O indício de ter treinado é a inversão.

Aqui, "inversão" significa a completa inversão das nossas atitudes normais, de incorretas para corretas. Isso se aplica a cada uma das práticas do treino da mente. Por exemplo, a indicação de que treinamos bem a prática preliminar de confiar em nosso Guia Espiritual é a inversão da nossa falta de fé anterior; e o indício de êxito nas meditações sobre a preciosa vida humana e sobre a morte e impermanência é a inversão do nosso apego pelos prazeres do samsara. Do mesmo modo, uma meditação bem-sucedida na bodhichitta convencional inverte o autoapreço, e um treino habilidoso na bodhichitta última inverte a ignorância do agarramento ao em-si. Em resumo, essa inversão, uma transformação de atitudes incorretas em atitudes corretas, indica êxito nas práticas do treino da mente.

O sinal de ter treinado é possuir cinco grandezas.

Se tivermos êxito no treino da mente, obteremos "grandezas", ou atributos, similares àquelas possuídas pelos cinco grandes seres: (1) o grande Bodhisattva; (2) o grande detentor de disciplina moral; (3) o grande asceta; (4) o grande praticante do treino em virtude; e (5) o grande Iogue.

O grande Bodhisattva é alguém que gerou a bodhichitta; o grande detentor de disciplina moral é alguém capaz de observar puramente todos os aspectos da disciplina moral; o grande asceta é alguém capaz de suportar todos os problemas e sofrimentos e transformá-los em caminho espiritual; o grande praticante do treino em virtude é alguém que não encontra dificuldade em realizar ações virtuosas; e o grande Iogue é alguém que realizou a bodhichitta e a visão correta da vacuidade.

Alguém está treinado se for capaz de praticar até quando estiver distraído.

Um exemplo explicará melhor este ponto. Antes de treinar compaixão, sentimos compaixão em algumas situações, mas em outras sentimos raiva ou inveja. Quando treinamos compaixão, tentamos abandonar raiva, inveja e outras mentes negativas, mas, se estivermos desprevenidos, talvez esqueçamos o treino e a raiva surja repentinamente. Por exemplo, se estivermos praticando com contínua-lembrança a aceitação paciente, normalmente não ficaremos aborrecidos se alguém nos insultar; mas se formos provocados a ponto de esquecer nossa prática, poderemos ficar com raiva. Entretanto, conforme progredirmos na prática, alcançaremos um estágio em que nossa compaixão será tão forte que nunca ficaremos com raiva, ainda que estejamos momentaneamente distraídos. Se as coisas subitamente se tornarem difíceis, não precisaremos nos lembrar conscientemente do nosso conhecimento de Dharma, mas seremos capazes de praticar paciência e tolerância espontaneamente em todas as circunstâncias. Um cavaleiro experiente não precisa se concentrar enquanto monta seu cavalo - mesmo que sua atenção se desvie, ele não será derrubado. Um iniciante, por outro lado, deve permanecer constantemente atento àquilo que está fazendo. Do mesmo modo, até que tenhamos uma grande experiência de compaixão, precisamos treinar constantemente. Podemos aplicar esse exemplo do treino em compaixão e paciência a todas as demais práticas.

Embora possamos ter concluído nossa educação formal, como praticantes de Dharma ainda temos qualificações mais elevadas a serem conquistadas. À medida que progredimos no treino da mente, cada nova etapa equivale à obtenção de uma qualificação mais elevada. Quando ingressamos no caminho da acumulação, qualificamo-nos como um Bodhisattva comum; quando ingressamos no caminho da preparação e no caminho da visão, obtemos a segunda e a terceira qualificações espirituais; e quando ingressamos no quarto caminho, o caminho da meditação, obtemos a quarta qualificação espiritual. Por fim, quando alcançarmos o Caminho do Não-Mais-Aprender, conquistaremos a qualificação final, a plena iluminação. Isso indica que, ao treinar nossa mente, devemos avançar passo a passo, mantendo sempre como nossa meta maior e final alcançar o estado da grande iluminação.

Os Compromissos do Treino da Mente

OS 18 COMPROMISSOS

Observar os 18 compromissos e os 22 preceitos do treino da mente é o método supremo para estabelecer e aperfeiçoar disciplina moral pura. Manter disciplina moral pura é uma prática fundamental e extremamente importante, porque nos ajuda a fazer todas as práticas do treino da mente. A disciplina moral é como um campo no qual crescem todas as realizações do Lojong, como compaixão, bodhichitta, visão correta da vacuidade, tranquilo-permanecer e visão superior. Além disso, manter esses compromissos e preceitos também é um método profundo para proteger e fortalecer nossos votos Pratimoksha, Bodhisattva e tântricos.

Em resumo, a prática de observar os compromissos e os preceitos do treino da mente nos protege de seguir caminhos errôneos e nos conduz aos caminhos espirituais corretos, tanto nesta vida como nas vidas futuras. Portanto, é extremamente importante pôr em prática esses compromissos e preceitos em todas as nossas atividades diárias.

Treine sempre os três pontos gerais.

Este verso refere-se aos três primeiros compromissos, denominados "os três pontos gerais". São eles:

Não deixe que sua prática do treino da mente gere comportamento impróprio.
Não deixe que sua prática do treino da mente contradiga seus votos.
Não pratique o treino da mente com parcialidade.

Je Tsongkhapa

O primeiro ponto geral é que, por mais bem-sucedida que seja nossa prática do Lojong, nunca devemos agir inadequadamente. Quando nosso autoapreço diminui ligeiramente porque estamos treinando a mente, podemos pensar que não temos mais autoapreço e, no afã de provar isso, agir de maneiras inadequadas como: abandonar a família, abrir mão de todas as nossas posses e até da própria vida sem um bom motivo; ou nos expor desnecessariamente a riscos, visitando lugares perigosos, e negligenciando deliberadamente nosso corpo etc. Esse compromisso nos previne contra temeridades desse tipo, que só serviriam para obstruir nossa prática espiritual. Devemos agir sempre de maneira compatível com nosso nível de desenvolvimento espiritual.

O segundo ponto geral é que não devemos negligenciar nem ignorar qualquer dos votos anteriormente tomados, como nossos votos de refúgio, Pratimoksha, Bodhisattva ou tântricos, pensando que a prática do Lojong basta para conquistarmos uma mente pacífica.

O terceiro ponto geral é que precisamos considerar todos os seres vivos como nossos objetos de treino, sem discriminação ou parcialidade. Não devemos limitar nossa prática do treino da mente com pensamentos estreitos: "Vou praticar amor e paciência com meus amigos e familiares, mas não com os outros", ou "Vou tentar equalizar o eu em relação aos meus amigos, mas não em relação aos meus inimigos", ou "Tomarei os sofrimentos das pessoas que amo, não daquelas que detesto" etc. Esse compromisso ajuda-nos a não discriminar equivocadamente dessa maneira.

Permaneça natural enquanto muda de aspiração.

Praticando o treino da mente, nossos pensamentos, atitudes e aspirações normais vão mudar, mas devemos permanecer naturais externamente, sem afetações de corpo ou de fala. Conforme praticamos o Lojong, nossa tendência a cometer ações negativas gradualmente diminuirá, e nosso comportamento se transformará naturalmente. Por exemplo, se um inglês se tornar versado no treino da mente, suas aspirações e maneira de pensar serão transformadas. Ele não terá mais pensamentos e atitudes de um inglês comum, mas, sim, os de um Bodhisattva. Contudo, não será preciso que ele mude seu corte de cabelo ou use roupas especiais para mostrar que é um Bodhisattva. Quando as pessoas se ordenam, há três coisas que elas devem mudar - sua mente, seu nome e sua aparência exterior. Porém, mais tarde, quando alcançarem realizações do treino da mente, nenhuma outra mudança exterior se fará necessária.

Na época em que Shantideva estava no mosteiro de Nalanda, os outros monges o apelidaram de "Três Realizações", porque aparentemente ele não fazia nada além de dormir, comer e defecar. Na realidade, Shantideva estava praticando as avançadas técnicas do Tantra. Durante o sono, ele meditava no ioga de dormir, de modo que, para ele, dormir era mais valioso do que ficar acordado. Assim, embora tivesse profundas realizações interiores, por fora ele parecia uma pessoa bastante comum. Geshe Chekhawa recomenda que mantenhamos escondidas dos outros as nossas qualidades interiores, como a bodhichitta, a vacuidade e poderes de clarividência. Desse modo, encontraremos menos obstáculos às nossas realizações.

Não fale de membros degenerados.

Significa que não devemos apontar as falhas dos outros sem uma boa razão. A expressão "membros degenerados" refere-se a limitações físicas ou mentais, como cegueira, surdez, capacidade mental reduzida, problemas psicológicos etc. Refere-se também a deterioração de qualidades espirituais, degeneração de disciplina moral, quebra de votos, promessas não cumpridas e comportamento negativo em geral. Esse compromisso mostra que não devemos apontar as limitações ou as falhas dos outros, a não ser que nossa motivação seja pura e estejamos seguros de beneficiá-los com isso. De outro modo, iremos apenas aborrecer as pessoas e deixá-las bravas ou infelizes.

Uma crítica construtiva pode ser benéfica em alguns casos. Por exemplo, temos de corrigir nossos filhos quando eles fazem algo errado, caso contrário, nunca aprenderiam. Do mesmo modo, se quisermos sinceramente ajudar alguém a se aperfeiçoar espiritualmente, poderemos apontar suas falhas. Antigamente, um Guia Espiritual conduzia seus discípulos fazendo-os ver seus defeitos e indicando as ações e atitudes que precisavam abandonar. O professor tinha de ser impecável para que os discípulos fossem capazes de aceitar suas críticas. Os Geshes Kadampa descreviam como supremo o Guia Espiritual que expunha as imperfeições do discípulo. Hoje em dia, essa maneira de guiar discípulos iria contrariar ou enfurecer a maioria das pessoas.

Em geral, enxergamos com clareza os defeitos dos outros, mas não conseguimos ver os nossos. Contudo, é mais benéfico examinarmos as nossas próprias falhas do que as dos outros. Todos nós temos a falha básica - a ignorância. O ponto essencial desse compromisso é que devemos nos abster de criticar os outros com má motivação.

Nunca pense nas falhas alheias.

Esse compromisso nos aconselha a não nos determos nos defeitos dos outros. Como praticantes conscienciosos de Dharma, devemos observar nossas próprias imperfeições em vez de nos preocuparmos com as dos outros. Se considerarmos cuidadosamente nossas próprias falhas de corpo, fala e mente, tomaremos consciência delas e gradualmente conseguiremos abandoná-las. Buda disse: "Uma pessoa que está consciente de suas próprias falhas é sábia". O grande mestre Atisha aconselhou: "Não procurem falhas nos outros; procurem-nas em si mesmos e purguem-nas como se fossem sangue ruim. Não contemplem suas boas qualidades; contemplem as qualidades dos outros e respeitem todos eles como um servo o faria". Contemplar nosso próprio conhecimento e boas qualidades resulta em arrogância, mas apreciar as boas qualidades dos outros resulta em mentes virtuosas, como respeito e afeição.

Purifique primeiro a sua maior delusão.

Se primeiro purificarmos e removermos nossa maior delusão, acharemos fácil abandonar outras delusões. Por exemplo, se tivermos uma tendência a sentir raiva, devemos nos concentrar em paciência, o oponente da raiva, e desse modo gradualmente vencer nossa raiva. Não seremos capazes de fazê-lo logo de imediato, mas, se praticarmos com persistência, seu poder diminuirá, semana a semana, até que ela desapareça por completo.

Se nosso problema principal for apego desejoso, devemos usar oponentes específicos para reduzir sua força. Há muitos oponentes ao apego, como a meditação sobre impermanência e a meditação sobre as falhas dos prazeres samsáricos. Uma vez que tenhamos reduzido nosso apego desejoso, poderemos aplicar os oponentes às outras delusões.

Se a inveja for nosso maior problema, devemos enfatizar a superação dessa delusão meditando sobre amor e compaixão e nos regozijando com as boas qualidades dos outros. Se todas as nossas delusões parecerem igualmente fortes, devemos nos concentrar na superação do agarramento ao em-si, elegendo como nossa prática central a meditação sobre a vacuidade. Por meio dessa prática, todas as delusões podem ser abandonadas.

Abandone qualquer expectativa por resultados.

Significa que não devemos almejar que a prática traga resultados somente para nós. Não treinamos a mente com a motivação de obter felicidade apenas para nós mesmos, mas, sim, para ajudar os outros a encontrarem felicidade e a se livrarem do sofrimento. Devemos dedicar todos os méritos das nossas ações positivas para a felicidade dos outros. Como efeito indireto, esse desejo puro de que os outros sejam felizes atenderá também o nosso desejo de felicidade. Além disso, este compromisso nos alerta para não usar o Lojong com o intuito de alcançar somente metas mundanas.

Abandone comida venenosa.

Neste contexto, "comida venenosa" refere-se a ações virtuosas misturadas com agarramento ao em-si e autoapreço. Este compromisso nos aconselha a não contaminar ações virtuosas com essas mentes. Desde tempos sem início, nossa mente tem estado sob a influência constante do agarramento ao em-si e autoapreço, até durante o sono, e por isso todas as nossas ações têm sido contaminadas. Toda prática que fazemos é poluída por essas duas atitudes venenosas. Portanto, do ponto de vista espiritual, somos como pessoas que ingerem comida envenenada totalmente inconscientes do mal que isso está lhes fazendo. Devemos compreender que misturar ações virtuosas com atitudes contaminadas é como comer um alimento delicioso contaminado com veneno. Então, devemos tomar a decisão de superar nosso agarramento ao em-si e autoapreço por meio da prática do treino da mente.

Não siga as delusões.

Não devemos tolerar nossas próprias delusões, tais como ignorância, apego desejoso e raiva. Visto que elas destroem constantemente nossa paz mental e nos causam contínuo sofrimento, elas são nossos verdadeiros inimigos. Precisamos nos conscientizar plenamente disso e evitar cair sob sua influência. Devido à força do hábito, nós, os seres comuns, desenvolvemos delusões com muita facilidade, mas, se conseguirmos interrompê-las assim que surgirem, elas não serão tão perigosas. Por exemplo, se sentirmos raiva com frequência, mas, em vez de retê-la, deixarmos que se vá assim que surgir, sua breve passagem não será tão prejudicial. Entretanto, se acalentarmos nossa raiva durante dias, semanas ou anos, ela se transformará em rancor, um sentimento muito pior que a raiva. Se tivermos rancor, atrairemos muito sofrimento para nós e para os outros. Portanto, logo que uma delusão surgir, devemos imediatamente deixá-la partir. Esse compromisso nos adverte do perigo de alimentarmos pensamentos negativos, que se desenvolvem facilmente devido a tendências anteriores e familiaridade com eles.

Não revide abuso verbal.

Se uma pessoa falar de maneira ríspida ou rancorosa conosco, não devemos responder com raiva ou sarcasmo. Se não retaliarmos, é bem possível que sua raiva diminua e sua mente se acalme. Assim, praticando paciência, estaremos ajudando-a. Se nos impacientarmos e retrucarmos, a raiva da outra pessoa aumentará, causando-lhe um mal ainda maior. Há ocasiões em que é justificável replicarmos a palavras ríspidas, mas nunca com raiva. Como regra geral, não devemos retrucar, a menos que haja um excelente motivo.

Não arme ciladas.

Não devemos esperar por uma oportunidade para nos vingar dos nossos inimigos, procurando a melhor maneira de feri-los ou aguardando o momento e o local em que estarão mais vulneráveis.

Não ofenda os outros.

Este compromisso nos aconselha a não falar ou agir de maneira que possa ofender seres humanos, espíritos ou qualquer outro ser vivo. Existem muitos meios de ofender os outros, como ao rejeitar suas opiniões com má intenção, salientar seus erros ou não aquiescer aos seus desejos. No que se refere aos espíritos, não devemos recitar mantras irados nem executar ações iradas com a intenção de prejudicá-los.

Não transfira suas próprias falhas ou fardos aos outros.

Por mais difíceis e maçantes que sejam nossos deveres e responsabilidades, não devemos transferi-los para os outros nem tentar manipular as pessoas para assumi-los contra sua vontade. Como reza o ditado tibetano: “Não transfira a carga de um dzo para um boi”. O dzo é um animal forte, usado no Tibete para transportar cargas muito pesadas. Comparado a ele, um boi é bem menor e mais fraco. Esse compromisso também nos aconselha a não culpar os outros por nossas falhas, mas, sim, reconhecê-las honestamente como nossas.

Não faça mau uso do Dharma.

A principal intenção de Buda ao expor o Dharma foi ajudar os seres vivos a controlarem suas mentes e guiá-los pelos caminhos que levam à libertação e à iluminação. Se usarmos nosso conhecimento de Dharma para obter riquezas, posses, fama e controle sobre os outros em benefício próprio, estaremos fazendo mau uso do Dharma. Há o perigo de considerarmos as instruções de Dharma do mesmo modo que consideramos nossa educação comum, usando-as para obter prazeres mundanos, fama, poder, posição social e riqueza. Seria triste e vergonhoso adotar essa atitude mundana e, ao mesmo tempo, render homenagem, fazer oferendas e dirigir pedidos aos Budas. O mínimo que podemos fazer para retribuir a bondade de Buda é não usarmos mal os seus ensinamentos. Ainda que não possamos praticar o Dharma ativamente, nossos intuitos e aspirações devem ser puros e corretos. Devemos cultivar a seguinte motivação: "Estou estudando as instruções de Dharma para, no futuro, poder ingressar no caminho à libertação. Vou usar o Dharma para subjugar minha mente negativa e beneficiar os outros, tanto agora como no futuro". Sem esse tipo de motivação, corremos o risco de fazer mau uso dos ensinamentos de Dharma.

Não vise ser o primeiro para ter o melhor.

Este compromisso tem mais de um significado. Se possuímos algo em conjunto com outras pessoas, não devemos querer tudo para nós. Se dividimos algo com os outros, não devemos tentar pegar a melhor parte. Também devemos evitar comportamento egoísta, como disputar avidamente o primeiro lugar de uma fila, a fim de obter a porção maior ou melhor de comida; ou empurrar os outros num trem ou ônibus lotado para pegar o melhor lugar.

Não converta um deus num demônio.

Neste contexto, "deus" refere-se à prática do treino da mente, e "demônio", às delusões, como orgulho e apego. Com uma prática correta do Lojong, todas as nossas delusões vão diminuir, mas, se o praticarmos de modo incorreto, elas poderão aumentar.

Algumas pessoas têm fé em deuses mundanos como fonte de ajuda e proteção, mas, se um desses deuses de repente as prejudicasse, pareceria que o deus se converteu num demônio. A prática do treino da mente é um verdadeiro protetor e o método supremo para nos trazer paz mental. Contudo, se aplicarmos mal as instruções, nossas delusões, como o orgulho, podem aumentar e destruir nossa paz mental, convertendo, assim, esse deus protetor num malvado demônio. Esse compromisso adverte-nos que o estudo e as práticas de Dharma, em particular o Lojong, devem ser bem compreendidos e aplicados corretamente.

Não busque felicidade causando a infelicidade dos outros.

Há diversas maneiras de fazermos os outros sofrerem em nome de ganhos pessoais, como ao cometer as ações de matar, roubar, ter má conduta sexual, caluniar e maltratar os empregados ou lesar os patrões. Todas essas ações devem ser evitadas.

Este compromisso também aconselha a não querer o mal dos outros, como: desejar que os próprios pais morram para herdar um imóvel; torcer pela separação de um casal para ficar com um dos parceiros; ou querer que alguém perca o emprego para ocupar seu lugar.

No *Guia do Estilo de Vida do Bodhisattva*, Shantideva diz:

> Se usarmos os outros em benefício próprio,
> Experienciaremos servidão.
> Mas, se usarmos a nós mesmos para beneficiar os outros,
> Desfrutaremos de status elevado e formas agradáveis.

É muito difícil entender o funcionamento do carma em detalhes, mas podemos ter certeza de que, se infligirmos sofrimento aos outros para obter felicidade pessoal, renasceremos num estado de servidão, sem liberdade pessoal. Por outro lado, se respeitarmos os outros e trabalharmos para o seu benefício, renasceremos no seio de uma família poderosa, rodeados de circunstâncias afortunadas.

Je Pabongkhapa

Os Preceitos do Treino da Mente

OS 22 PRECEITOS

Faça todos os iogas em um.

Significa que devemos executar todas as nossas atividades diárias com a intenção de beneficiar os outros. Nesse contexto, "ioga" refere-se a qualquer ação de corpo, fala ou mente, como comer, beber, dormir, despertar, trabalhar, falar, divertir-se, estudar, rezar ou meditar. Devemos executar essas ações com a motivação mais pura e virtuosa possível, de preferência com a intenção benéfica de querer ajudar os outros. A maioria das nossas ações é neutra por natureza, mas podemos torná-las positivas dedicando-as aos outros.

Tomemos como exemplo o ato de nos alimentar. Existem três maneiras de transformar isso num ioga de comer, e podemos escolher aquela que melhor se adequar às nossas inclinações pessoais. O primeiro método, citado nos *Sutras Vinaya*, consiste em considerar nossa comida e bebida como um remédio capaz de curar as doenças de fome e sede. De acordo com esse método, sempre que comermos ou bebermos, devemos fazê-lo sem apego, considerando a comida e a bebida como medicamentos.

O segundo método, explicado nos Sutras Mahayana, consiste em comer e beber com a motivação de bodhichitta, pensando: "Para ajudar todos os seres vivos, preciso alcançar a iluminação. Já que o corpo humano que possuo é uma base perfeita para alcançar a iluminação, tenho de nutri-lo e sustentá-lo". Desse modo, toda ação de comer e beber poderá ser executada unicamente para o benefício dos outros.

O terceiro método foi explicado nos Tantras. Com grande compaixão por todos os seres, devemos nos autogerar como Heruka, Vajrayogini ou outro Buda tântrico e, quando estivermos a ponto de comer ou beber, transformamos o alimento e a bebida em néctar e consideramos que o ato de comer ou beber é uma oferenda a nós mesmos gerados como a Deidade. Um outro método tântrico de praticar o ioga de comer consiste em pedir aos Budas, Bodhisattvas e demais seres sagrados para que apareçam como a nossa Deidade pessoal; depois, os convidamos a virem ao nosso coração para que se unam inseparavelmente conosco e lhes oferecemos a comida e a bebida abençoadas.

Os iogas de comer explicados nos Sutras e Tantras Mahayana são praticados com a intenção de beneficiar os outros. Todos os budistas têm o compromisso de oferecer a primeira porção de tudo o que comem e bebem às Três Joias - Buda, Dharma e Sangha. Antes de comer ou beber, devemos recitar uma prece de oferecimento e, então, aplicar um dos três métodos citados. Se também executarmos todas as nossas demais práticas com a intenção de beneficiar os outros, tudo o que fizermos terá grande significado.

Efetue toda supressão de interferência em uma.

Aqui, "uma" se refere à prática de tomar e dar. Quem está praticando o treino da mente deve confiar nesse método para dissipar obstáculos, como doenças, fortes delusões e interferências causadas por humanos, espíritos e outros seres. Primeiro, devemos gerar forte compaixão, pensando nos incontáveis seres que experienciam dificuldades bem maiores que as nossas. Então, assumimos a sincera decisão de tomar todos os seus sofrimentos e meditamos sobre o tomar e dar conforme descrito anteriormente. No final da meditação, dedicamos a ação, pensando: "Pelo poder da minha prática de voluntariamente aceitar os sofrimentos, meus e dos outros, que todos os seres sejam completamente libertados do sofrimento". Esse é o método supremo para transformar condições adversas em caminho e, ao mesmo tempo, aperfeiçoar nossa própria compaixão. Quando tivermos experiência nessa prática, seremos capazes de considerar com compaixão até os espíritos malignos.

Há duas atividades: uma no começo e outra no final.

Sempre que fizermos alguma atividade espiritual - contemplação, meditação, estudo de Dharma, purificação de não-virtudes ou acumulação de mérito -, há duas coisas importantes a serem feitas: estabelecer uma motivação pura no início e concluir com uma dedicatória adequada. No começo da prática, devemos gerar uma motivação pura e, então, tomar a firme decisão de levar a cabo aquela ação virtuosa. Depois de concluir a ação, devemos avaliar se nossa intenção original foi ou não cumprida. Se foi, podemos nos alegrar e dedicar nossos méritos à conquista da iluminação. Do contrário, será preciso renovar nossa determinação de obter sucesso na próxima vez.

Entre o momento da motivação e o da dedicatória, precisamos confiar em contínua-lembrança e vigilância aguçadas. Todos os dias, logo ao despertar, vamos decidir, com uma motivação pura, que naquele dia executaremos determinadas ações espirituais. Dali em diante, até irmos para a cama, empregaremos contínua-lembrança e vigilância para cumprir a nossa decisão. Antes de dormir, faremos uma avaliação. Se nossa meta foi cumprida, podemos dedicar com alegria as nossas ações; mas, se tiverem predominado ações ou pensamentos negativos, devemos praticar purificação. Se fizermos isso todos os dias, nossa prática espiritual naturalmente se aperfeiçoará e será cada vez mais bem-sucedida.

Aguente ambas, qualquer que surja.

Neste contexto, o termo "ambas" refere-se às circunstâncias boas e ruins que experienciamos ao longo da nossa vida. Devemos aceitar os dois tipos de situação, evitando desse modo que qualquer uma delas se torne um obstáculo à nossa prática espiritual. Todas as circunstâncias boas e ruins podem ser incluídas nos objetos dos oito interesses mundanos:

felicidade, sofrimento, riqueza, pobreza, elogio, crítica, boa reputação e má reputação. Os interesses mundanos são assim denominados porque as pessoas mundanas estão constantemente preocupadas com eles, almejando alguns e tentando evitar outros.

Essas preocupações causam dificuldades aos praticantes de Dharma. Se nos preocuparmos excessivamente com felicidade e sofrimento, sempre que a boa sorte nos sorrir, ficaremos exultantes e ainda mais apegados ao samsara; e, sempre que experienciarmos desventura, perderemos nossa fé no Dharma. Se nos preocuparmos excessivamente com riqueza ou pobreza, sempre que enriquecermos, nossas distrações e envolvimento com metas mundanas aumentarão em detrimento da nossa prática de Dharma; e, sempre que empobrecermos, ficaremos deprimidos e preocupados com coisas materiais e, de novo, nossa prática será prejudicada. Se nos preocuparmos excessivamente com elogios ou censura, sempre que recebermos um elogio, nos sentiremos orgulhosos e superiores aos outros; e, sempre que formos criticados, sofreremos amargamente. Se nos preocuparmos excessivamente com boa reputação, sempre que a conquistarmos, ignoraremos nossos companheiros de Dharma e poderemos até nos sentir superiores ao nosso Guia Espiritual; e, sempre que gozarmos de má reputação, nos sentiremos infelizes. Em todos os casos, esses oito interesses mundanos são obstáculos à prática de Dharma.

Os praticantes puros utilizam as circunstâncias boas e ruins para desenvolverem sua prática espiritual, em vez de se deixarem abalar por elas. Por exemplo, se são ricos, usam sua fortuna para acumular mérito, ajudando os outros, e, motivados por amor, praticam o dar extensivamente. Se são pobres, encaram isso como uma grande oportunidade para obter a riqueza interior das práticas de disciplina moral, concentração, sabedoria etc. A pobreza os ajuda a fortalecer sua prática de tomar sobre si o sofrimento alheio e a considerar que os bens interiores das realizações espirituais são mais importantes que a riqueza material. Usando sua sabedoria desse modo, os praticantes que se engajam com pureza no treino da mente conseguem superar os oito interesses mundanos e permanecer contentes quando são ricos ou pobres, elogiados ou criticados, respeitados ou difamados. Suas mentes permanecerão sempre imperturbáveis, quaisquer que sejam as circunstâncias.

Proteja ambos como protegeria sua vida.

Neste contexto, a palavra "ambos" refere-se a dois grupos de compromisso: os específicos e os gerais. Os específicos são os dezoito compromissos do treino da mente, e os gerais são todos os demais compromissos que tenhamos assumido. Para praticantes de Dharma, os compromissos são da máxima importância e devem ser protegidos tanto quanto protegemos nossa própria vida. Para obter realizações de Dharma, precisamos superar nossas falhas, e a melhor maneira de fazer isso é manter nossos compromissos puramente.

Todos os budistas têm dois compromissos básicos: buscar refúgio em Buda, Dharma e Sangha e abandonar pensamentos e ações prejudiciais. Existem também os doze compromissos de refúgio e muitos outros compromissos que estão contidos nos votos Pratimoksha, Bodhisattva e tântricos. Aqueles que tomaram esses votos devem preservá-los escrupulosamente.

Para Buda, compromissos não são punições. Pais sensatos e amorosos querem que seus filhos vivam bem e, por isso, estipulam regras de comportamento capazes de ajudá-los no dia-a-dia. Se os filhos seguirem tais regras, terão normalmente poucos problemas e serão felizes. Pais e mães em geral preocupam-se com a felicidade dos filhos apenas nesta única vida; já o desejo principal de Buda é que os seres sencientes se libertem do samsara e alcancem a felicidade última da iluminação. Motivado por compaixão, ele explicou muitas práticas e estabeleceu compromissos, que, se forem observados sinceramente, nos ajudarão a conquistar todas essas metas.

Treine as três dificuldades.

As "três dificuldades" são três coisas que achamos difícil fazer: reconhecer nossas delusões; apaziguá-las temporariamente com a aplicação dos seus oponentes; e erradicá-las por completo com a aplicação do seu antídoto.

Reconhecer delusões pode ser algo muito difícil. A raiva é a delusão mais evidente, mas muitas outras, como o apego desejoso, são bastante sutis. O apego desejoso é facilmente confundido com amor ou compaixão. Também pode ser difícil diferenciar desejo e apego desejoso. Desejo não é necessariamente uma delusão. Por exemplo, Buda tem o desejo de dar ensinamentos de Dharma e beneficiar os outros, mas não tem apego desejoso. Muitos dos nossos desejos banais, como querer comer ou querer encontrar um amigo, não são apego desejoso. Um desejo será apego desejoso somente se perturbar nossa paz mental. Falamos, por exemplo, em nos apaixonar; mas, frequentemente, à medida que esse amor se intensifica, problemas começam a surgir. Isso mostra que tal "amor", na realidade, é apego desejoso. Amor de verdade jamais cria problemas, só traz felicidade. Essa diferença é bastante sutil e só pode ser plenamente compreendida por meio de experiência.

Uma das delusões mais sutis e a mais difícil de ser compreendida é a ignorância do agarramento ao em-si. É praticamente impossível reconhecer essa delusão se não tivermos experiência no Dharma. Há muitas pessoas astutas e inteligentes que não conseguirão entender essa mente deludida se não tiverem estudado o Dharma. Existem dois tipos de agarramento ao em-si: o de pessoas e o de fenômenos. Além disso, o agarramento ao em-si possui várias gradações - do denso ao sutil. Por exemplo, agarrar-se a uma pessoa como sendo inerentemente existente é mais sutil do que agarrar-se a uma pessoa como sendo auto-sustentável e substancialmente existente. Se quisermos entender claramente tais distinções, certamente teremos de seguir as instruções de um habilidoso Guia Espiritual. Todos os seres vivos, até os menores insetos, possuem agarramento ao em-si, mas apenas os que compreendem o agarramento ao em-si são capazes de identificá-lo como sendo uma percepção equivocada. Essa compreensão só poderá ser cultivada se estudarmos livros de Dharma e ensinamentos puros.

É difícil reconhecer as delusões e ainda mais difícil superá-las. Depois de praticar o Dharma durante algum tempo, aprenderemos a identificar nossas delusões, mas será preciso muito mais treino para superá-las; e mesmo quando tivermos aprendido como contê-las temporariamente, ainda teremos de treinar muito mais antes de erradicá-las por completo.

As instruções de Lojong nos encorajam a treinar esses três pontos difíceis. Primeiro, precisamos identificar claramente as nossas delusões; depois, precisamos subjugá-las temporariamente aplicando seus oponentes; e, por fim, precisamos eliminar todas as delusões e suas marcas meditando sobre a vacuidade.

Pratique as três causas principais.

O sucesso da prática de Dharma depende essencialmente de três causas: desejo de praticar o Dharma; confiança num Guia Espiritual que ensine o Dharma; e condições necessárias para praticar o Dharma. Sem essas três causas, teremos muitos obstáculos à nossa prática.

É óbvio que, se não quisermos praticar o Dharma, não o faremos. Para gerar esse desejo, precisamos nos familiarizar com os benefícios do Dharma e confiar que somos capazes de praticá-lo. Na vida diária, quando vemos algo que consideramos útil, automaticamente almejamos adquiri-lo. Do mesmo modo, se reconhecermos as vantagens de praticar o Dharma, naturalmente desenvolveremos o desejo de praticá-lo. Portanto, é essencial contemplarmos esses benefícios.

Também precisamos encontrar um Guia Espiritual qualificado. Se não confiarmos num Guia Espiritual, será fácil cometermos equívocos e difícil conquistarmos os frutos finais da prática de Dharma. Nosso Guia Espiritual revela o significado dos ensinamentos de maneira clara e inequívoca, mostra como praticá-los e dá apoio e incentivo à nossa prática. Dessa maneira, ele, ou ela, abre nosso olho de sabedoria, de modo que possamos mirar o espelho do Dharma e seguir o caminho que leva ao estado da libertação.

A terceira causa principal é possuir as condições interiores e exteriores necessárias para a nossa prática de Dharma. Entre as duas, as condições interiores são as mais importantes. São elas: ter forte fé no Dharma e compreender como praticá-lo de maneira correta e habilidosa. As condições exteriores são: comida, roupa e acomodação adequadas. Por exemplo, aqueles que desejam fazer um retiro de meditação precisam ter tanto as qualificações interiores como as condições exteriores necessárias para seu retiro.

Habitue-se com as três não-degenerações.

As "três não-degenerações" são: fé no Dharma; esforço na prática de Dharma; e reter conscienciosamente nossa compreensão do significado do Dharma. É essencial não permitir que as três se degenerem. Em vez disso, devemos aperfeiçoar cada uma delas dia a dia, ano a ano.

Se perdermos a fé ou se ela se degenerar, desistiremos da nossa intenção de praticar o Dharma. Esse é o maior obstáculo à obtenção de paz interior, tanto temporária como última. Sem fé no Dharma, nosso estudo e meditação não terão poder. Logo, é extremamente importante não permitir que nossa fé no Dharma e em nosso Guia Espiritual se degenere.

Também é muito importante não permitir que nosso esforço de praticar o Dharma decline. Se nos tornarmos preguiçosos, jamais colheremos qualquer resultado da nossa prática. Aplicando esforço, no entanto, poderemos conquistar tudo o que almejamos.

Por fim, é importante não permitir que nossa contínua-lembrança se degenere. Não devemos esquecer o conhecimento e a experiência de Dharma que já obtivemos, mas consolidá-los e aperfeiçoá-los por meio de contínua-lembrança. A contínua-lembrança é a vida, o verdadeiro cerne da concentração e da meditação. Se perdermos a contínua-lembrança, esqueceremos todo o nosso conhecimento de Dharma, e nossa concentração desaparecerá.

Como praticantes do treino da mente, é particularmente importante aperfeiçoar e aprimorar nossa fé nesses ensinamentos e em nosso Guia Espiritual. Devemos praticar constantemente sem preguiça e lembrar sempre nosso conhecimento e experiência de Dharma, especialmente a prática do Lojong.

Possua as três inseparáveis.

Este preceito nos aconselha a sempre agir virtuosamente com nossas três portas - corpo, fala e mente. Nossas três portas e as ações virtuosas devem ser inseparáveis. As ações virtuosas de corpo incluem: fazer oferendas, fazer prostrações, ajudar os outros, cuidar de enfermos, pintar Budas, copiar escrituras de Buda, meditar sentado na postura dos sete gestos de Buda Vairochana e evitar conscienciosamente ações não-virtuosas de corpo (matar, roubar e ter má conduta sexual), tendo compreendido inteiramente seus perigos. Entre as práticas mais avançadas do Mantra Secreto, gerar nosso corpo como o corpo de um Buda é também um exemplo de ação virtuosa de corpo.

As ações virtuosas de fala incluem: dar ensinamentos de Dharma, recitar escrituras, recitar mantras e dar bons conselhos. Cantar com a intenção de alegrar os outros, permitindo que eles se esqueçam, ainda que por pouco tempo, das suas preocupações é também uma ação verbal virtuosa. A ação verbal suprema é dar ensinamentos de Dharma. Ao ensinar o Dharma, ajudamos os outros a desenvolverem sabedoria, e sabedoria é a coisa mais preciosa que podemos dar. Riquezas materiais, por maiores que sejam, só podem ser desfrutadas por pouco tempo, mas alguém que possua sabedoria poderá recorrer a ela em qualquer situação. A sabedoria traz benefícios não apenas nesta vida, mas também nas vidas futuras. Portanto, a longo prazo, dar instruções de Dharma é mais benéfico do que dar ajuda material.

Existem inúmeras ações virtuosas de mente, tais como: os onze fatores mentais virtuosos (fé, senso de vergonha, consideração, antiapego etc.), abandonar as ações mentais não-virtuosas de cobiça, pensamentos prejudiciais e visões errôneas.

Treine sem preconceito pelos objetos.

Seres vivos não são os únicos objetos da nossa prática do treino da mente; podemos treinar também com objetos inanimados, como os quatro elementos e seus efeitos. Os quatro elementos são: terra, água, fogo e ar. Os quatro efeitos desses elementos são: formas, odores, paladares e objetos táteis. Todos eles possuem variados aspectos agradáveis e desagradáveis, que podem ser tomados como objeto do treino da mente. Por exemplo, tanto as formas agradáveis como as desagradáveis podem ser objeto do nosso treino da mente. Assim, devemos treinar para não gerar aversão pelas formas desagradáveis nem apego pelas formas agradáveis.

As condições que surgem na dependência dos elementos e de seus produtos, tanto as boas quanto as ruins, também podem ser tomadas como objetos do treino da mente. Por exemplo, na dependência dos elementos, podemos experienciar boas condições, como um ambiente bonito, onde o clima é ameno e as doenças podem ser facilmente curadas. Devemos aceitar essas condições aprazíveis, mantendo-nos alertas para não sermos distraídos ou perturbados por elas. Não devemos permitir que condições favoráveis interrompam nossa prática de Dharma, mas sempre lembrar que tais condições afortunadas são os efeitos da nossa acumulação de mérito anterior, que agora está sendo consumida pelo nosso desfrute e logo se esgotará. Para experienciar tal felicidade novamente no futuro, precisamos acumular mais mérito agora. Sabendo disso, devemos nos empenhar para fazer mais práticas de acumulação de mérito.

Por outro lado, talvez tenhamos a infelicidade de viver num lugar onde as condições são precárias e desconfortáveis, sujeitos a muitos perigos, como terremotos. Nesse caso, devemos reconhecer que essas circunstâncias desfavoráveis são resultado das nossas próprias ações não-virtuosas do passado e um sinal de que precisamos fazer práticas específicas para purificar nosso carma negativo. Pensando assim, devemos nos empenhar na prática dos métodos para purificar negatividade.

Além de aplicar os métodos para acumular mérito e purificar carma negativo, também devemos transformar todas as condições que encontramos, boas ou ruins, em caminho espiritual, praticando o tomar e dar.

É importante treinar profundamente e abranger tudo.

Este preceito nos adverte que é muito importante não nos contentarmos só em seguir as palavras dos ensinamentos de Buda, mas, também, compreender seu profundo significado e, desse modo, obter uma intensa experiência espiritual. Diz também que, em nossa prática do treino da mente, devemos abranger todos os fenômenos, considerando-os como ilusórios e vazios de existirem por si só, do seu próprio lado.

Medite sempre em casos especiais.

Existem ocasiões especiais que exigem uma aplicação específica das práticas do treino da mente. Por exemplo, em geral é difícil sentirmos compaixão por pessoas que consideramos mais afortunadas que nós, que nos prejudicam ou que nos desafiam de algum modo. Nesses casos, devemos meditar especificamente sobre os problemas que tais pessoas enfrentam e tentar gerar compaixão por elas. Se houver alguém com quem sempre nos irritamos, devemos deliberadamente meditar em ter paciência com ele.

No intervalo entre meditações, devemos nos lembrar de compaixão, paciência e outros estados mentais virtuosos que geramos durante nossa sessão de meditação e tentar sempre colocá-los em prática.

Não confie em outras condições.

Na prática do treino da mente, devemos confiar em nossa própria força interior ao invés de confiar em condições exteriores. Não precisamos esperar que as condições melhorem para começarmos a praticar, pois podemos transformar quaisquer circunstâncias, boas ou ruins, em caminho à libertação e à iluminação. Se ficarmos à espera de condições perfeitas,

Kyabje Trijang Rinpoche

nunca iniciaremos nosso estudo e prática de Dharma. Além disso, se nos preocuparmos em criar condições exteriores ideais, nunca encontraremos tempo para meditar, pois estaremos sempre muito ocupados tentando satisfazer nossos desejos insaciáveis. Por exemplo, talvez tenhamos um parceiro muito agradável, mas, por causa da nossa mente descontente, continuamos à procura de outra pessoa; ou talvez tenhamos um bom carro, mas continuamos a desejar um modelo mais novo e mais caro; ou, ainda, pode ser que tenhamos um bom emprego, mas, por descontentamento, continuamos querendo outro melhor. Se perseguirmos todos os nossos desejos, sobrará pouco ou nenhum tempo para a prática do Dharma.

Aplique agora a prática principal.

No momento, temos uma preciosa vida humana, mas o tempo que ela vai durar é incerto. Devemos pensar: "Que tragédia seria desperdiçar esta rara oportunidade; vou usar minha vida de modo significativo". Não faz sentido trabalhar só em nome de riquezas materiais. Mesmo que nos tornássemos muito ricos, ainda assim teríamos que experienciar os sofrimentos do samsara. Existem muitas pessoas ricas que têm graves problemas e preocupações. Devemos pensar:

> *O grande propósito desta vida é proporcionar um meio para alcançar a libertação e a iluminação. A única maneira de alcançar tais estados é praticando o Dharma. Entre as práticas de Dharma, a prática suprema é o treino da mente. Portanto, tenho que praticar o treino da mente agora.*

Não interprete mal.

O significado deste preceito é que devemos evitar seis atitudes errôneas: paciência errônea, aspiração errônea, experiência errônea, compaixão errônea, benefício errôneo e regozijo errôneo.

Paciência errônea é paciência direcionada a objetos inadequados. Por exemplo, por não entendermos o significado correto da prática de paciência, podemos ser impacientes com as dificuldades que surgem quando estamos praticando ações virtuosas, mas pacientes com as dificuldades que surgem quando estamos envolvidos em ações não-virtuosas. A verdadeira paciência é a paciência com os nossos inimigos exteriores, não com os nossos inimigos interiores, as delusões.

Aspiração errônea é a aspiração direcionada a objetos inadequados. Por exemplo, talvez admiremos e queiramos imitar pessoas ricas e poderosas que se envolvem somente em atividades samsáricas e não desejam seguir uma prática espiritual; contudo, porque alguém é pobre ou feio, talvez não tenhamos o menor desejo de ser como ele, mesmo que seja um praticante espiritual puro.

Experiência errônea é, por ignorância, desconsiderar a experiência do néctar do Dharma em favor das experiências e dos prazeres mundanos. Devemos tentar adquirir gosto pelo Dharma agora, enquanto temos a oportunidade. Conforme nos familiarizarmos com o Dharma, descobriremos muitas maneiras de encontrar felicidade pura. Podemos experienciar felicidade por meio de meditação e sabedoria e, se mantivermos disciplina moral, obteremos uma felicidade especial, que advém de um corpo e uma mente saudáveis. Desfrutando o êxtase da pura concentração, poderemos experienciar felicidade suprema e duradoura, por mais difíceis que sejam nossas condições exteriores. Experiência errônea é buscar somente os prazeres mundanos, em vez de procurar essas formas puras de felicidade. Como diz Shantideva, no *Guia do Estilo de Vida do Bodhisattva*:

> Por que rejeito a alegria do santo Dharma,
> Que é uma fonte inesgotável de felicidade,
> Só para buscar prazer em distrações e metas sem sentido,
> Que são apenas causas de sofrimento?

Compaixão errônea é compaixão por Budas ou seres sagrados, em vez de compaixão pelos seres sencientes que sofrem. Embora os seres realizados possam nos parecer comuns, eles não são objetos adequados da nossa compaixão.

Benefício errôneo é tentar ajudar os outros com uma boa intenção, mas involuntariamente causar-lhes mais mal do que bem. É natural que queiramos ajudar nossos amigos e parentes, mas, se nossa ajuda induzi-los a cometer ações negativas, qualquer benefício que receberem será apenas temporário. Se um amigo nosso quiser matar seu inimigo e lhe fornecermos uma arma, isso talvez satisfaça seu desejo imediato, mas, com certeza, terminará em sofrimento. Para beneficiar os outros efetivamente, precisamos ter grande habilidade. No momento, devido à nossa ignorância, não sabemos ao certo se estamos ajudando ou não. Precisamos de uma sabedoria que discrimine claramente entre o que traz benefício temporário e o que traz benefício último.

Regozijo errôneo é regozijar-se com as ações negativas dos outros, em vez de regozijar-se com suas ações positivas. Por exemplo, aplaudir o vencedor de uma pescaria ou caçada, um toureiro que consegue matar o touro, ou alegrar-se quando um país inimigo enfrenta dificuldades e retrocessos. Tais ações criam um pesado carma negativo. Se, em vez disso, nos regozijarmos com a felicidade e as boas qualidades dos outros, com seu sucesso e acúmulo de mérito e sabedoria, criaremos um carma muito virtuoso.

Não seja volúvel.

O esforço que investimos ao praticar o Dharma deve ser firme e consistente. Se praticarmos intensamente durante alguns dias e, então, relaxarmos o esforço, nossa prática terá pouco poder. É mais importante praticar com firmeza e continuidade durante um longo período do que aplicar intenso esforço por pouco tempo. Às vezes, conseguimos praticar com entusiasmo e energia durante um curto período, mas, quando não conseguimos obter resultados, desanimamos e chegamos até a desistir de vez da nossa prática. Esperar resultados rápidos da nossa prática não leva a nada, pois expectativas irreais são causas de fracasso em qualquer tipo de treino. Devemos praticar o Dharma com um esforço regular e persistente até alcançarmos a iluminação.

Treine com firmeza.

Para adquirir experiência e realizações do treino da mente, precisamos praticar com sinceridade, sem hesitação ou dúvida. Primeiro, devemos ouvir e estudar os ensinamentos para entender como praticar; depois, devemos praticar com constância e firmeza. Um longo retiro de Lojong, feito com total dedicação, poderá nos ajudar enormemente a adquirir realizações profundas dessa prática.

Seja salvo pelos dois: investigação e análise.

Devemos refletir sobre todas as nossas ações de corpo, fala e mente e checá-las com cuidado. Desse modo, estaremos perfeitamente conscientes daquilo que estamos pensando, falando e fazendo o tempo todo. Com essa contínua-lembrança, evitaremos atenção imprópria e outras mentes deludidas que induzem a ações negativas de corpo e de fala.

Este preceito também menciona as duas etapas da prática do treino da mente: a aproximada e a precisa. O termo "investigação" indica que, por meio do estudo, devemos primeiro adquirir uma compreensão aproximada do significado das instruções do treino da mente; e o termo "análise" indica que, por meio de contemplação e meditação, devemos alcançar uma profunda experiência em relação a esses temas. Assim, vamos ser capazes de nos livrar, primeiro, das falhas densas, por meio de investigação; depois, das falhas mais sutis, por meio de análise.

Não seja jactancioso.

Se nossa prática principal é treinar a mente, nosso interesse é ajudar e beneficiar os outros; mas, justamente porque temos um propósito tão elevado, não devemos nos envaidecer e nos gabar do que estamos fazendo. Nossa única razão para praticar o treino da mente é alcançar a iluminação para o benefício de todos os seres vivos. Uma vez que estamos nos colocando a serviço dos outros, é bastante inoportuno nos jactanciarmos disso.

Não fique com raiva.

Se alguém se comporta de maneira desagradável conosco, nos ridicularizando, ignorando ou insultando, não devemos reagir com ódio ou raiva. Assim que notarmos o surgimento da raiva, devemos imediatamente lembrar que a prática central do treino da mente é a compaixão, e que a raiva é seu principal inimigo. Pensando dessa maneira, devemos tentar impedir o desenvolvimento da raiva. Precisamos compreender que a pessoa que está nos ofendendo não tem controle dos seus atos, pois está completamente dominada pelas delusões e, portanto, não é livre. Ao ver uma pessoa enraivecida agredindo outra, a reação normal de alguém que não treinou a mente é culpar o agressor e achar que ele está errado. Contudo, alguém que pratica o treino da mente culpará as delusões daquela pessoa, não a pessoa em si. Como está dito nos Sutras, os Budas amam todos os seres vivos, pois enxergam que o comportamento negativo deles é uma falha das suas delusões, não dos próprios seres. Os Budas nunca abandonam os seres vivos, nem os condenam ou ficam com raiva deles; mas, compreendendo que estão sob o controle de suas mentes deludidas, sentem compaixão por eles. Cultivar a mesma atitude quando alguém sente raiva de nós é um dos meios mais profundos de obtermos paz, para nós e para os outros.

Se todos praticassem o treino da mente, as pessoas amariam umas às outras. Nações não entrariam em conflito e, portanto, não haveria razão para guerras. Sem treinar o Dharma, é difícil transformar ações negativas habituais em ações positivas, mas, onde quer que o Dharma floresça, esses grandes benefícios ocorrem. Para que a paz universal e a felicidade prevaleçam, é preciso que o Dharma floresça no mundo todo.

Não seja instável.

Há pessoas que, diante de um golpe de sorte reagem com euforia, rindo e dançando de maneira absurda. Em compensação, quando o menor dos seus desejos é contrariado, elas ficam exageradamente deprimidas, abatidas e desanimadas, e seu semblante se altera. Esse preceito recomenda que não devemos agir desse modo. Se praticarmos o treino da mente, nossa mente permanecerá calma e estável, quaisquer que sejam as circunstâncias.

Não espere por gratidão.

Quando ajudamos os outros, não devemos esperar nada em troca. Algumas pessoas pensam que, se ajudarem os outros, serão de algum modo recompensadas, mas essa maneira de pensar transforma a bondade numa farsa. Nossas ações devem se dirigir unicamente para o bem-estar dos outros, sem nenhuma ideia de vantagem pessoal. Todas as práticas do treino da mente, desde as preliminares até este preceito final, devem ser executadas com a motivação da bodhichitta.

Conclusão

Por causa dos meus numerosos desejos,
Depois de suportar sofrimento e má reputação,
Recebi as instruções para controlar o agarramento ao em-si.
Agora, se eu morrer, não terei arrependimentos.

No final do texto raiz, Geshe Chekhawa descreve sua experiência pessoal com o treino da mente. A primeira linha revela por que ele recebeu as instruções do seu Guia Espiritual. A segunda e terceira linhas explicam como ele praticou o treino da mente, e a quarta revela os resultados da sua prática.

Geshe Sharawa transmitiu as instruções do treino da mente a seu discípulo Geshe Chekhawa, porque este tinha fé e amor pela prática, além de um grande desejo de fazer esse treino. Durante sua prática, Geshe Chekhawa enfrentou muito sofrimento, crítica e má reputação; e, por seis anos, passou por vários contratempos e dificuldades. Não se preocupava com dinheiro ou boa reputação, mas praticava o treino da mente seguindo estritamente os conselhos de Geshe Sharawa. Por ter recebido instruções de Lojong e praticado puramente, Geshe Chekhawa destruiu seu agarramento ao em-si e autoapreço e, assim, dominou sua mente.

Geshe Chekhawa conclui dizendo que, se morresse naquele momento, não teria do que se arrepender. Com isso, ele quer dizer que não desperdiçou sua vida humana. Praticando o Lojong, purificou todas as suas negatividades e alcançou a grande iluminação, conquistando plena liberdade para escolher seu próximo renascimento e um poder especial para ajudar amplamente todos os seres vivos.

O exemplo de Geshe Chekhawa deve ser um grande in-

Geshe Kelsang Gyatso Rinpoche

centivo para todos nós. Devemos tomar a decisão de devotar todos os nossos esforços para gerar a bodhichitta e realizar a vacuidade. Essas experiências vão nos levar de alegria a alegria. Usando cada momento para cultivar nossas realizações de bodhichitta e vacuidade, poderemos transformar todas as nossas experiências em causa de Budeidade. Se um cego encontrar uma moeda de ouro, poderá não reconhecer seu valor e jogá-la fora. Agora que nós encontramos as instruções áureas das duas bodhichittas, não devemos nos deixar cegar pela nossa ignorância e confusão e ignorar tal tesouro, mas nos empenharmos, do fundo do nosso coração, para realizarmos o sentido mais profundo desta preciosa vida humana.

A oportunidade que temos de estudar e praticar essas instruções do treino da mente, que Geshe Chekhawa ensinou com base na sua experiência pessoal, faz de nós pessoas especialmente afortunadas. Todo ensinamento de Dharma que esteja fundamentado em textos legítimos e que seja ensinado por alguém que compreendeu seu significado e obteve realizações trará grande benefício para as gerações futuras.

Dedicatória

Pelas virtudes que criei ao ler, contemplar e praticar essas instruções, que todos os seres vivos possam ser libertados dos três venenos mentais - apego, raiva e ignorância - e que todos eles desfrutem de paz permanente.

Apêndice I

O Texto Raiz: *Treinar a Mente em Sete Pontos*

por Geshe Chekhawa (1102-1176)
(Os títulos em negrito representam acréscimos feitos por Je Pabongkhapa)

Este texto foi traduzido pelo
Venerável Geshe Kelsang Gyatso Rinpoche

O Texto Raiz:
Treinar a Mente em Sete Pontos

Homenagem à grande compaixão.
Essa instrução qual essência do néctar
É transmitida desde Serlingpa.
É como um diamante, como o sol e como uma árvore medicinal.
O sentido deste texto deve ser conhecido.
O desenvolvimento das cinco impurezas
Será transformado em caminho à iluminação.

As práticas preliminares do treino da mente

Primeiro aprenda as preliminares.

A prática principal: treinar as duas bodhichittas

Treinar a bodhichitta convencional

Reúna toda a culpa em um.
Medite sobre a grande bondade de todos.
Treine alternadamente em dar e tomar.
Comece a sequência tomando seu próprio sofrimento.
Monte esses dois na respiração.
Os três objetos, os três venenos e as três raízes virtuosas
São a breve instrução para a aquisição subsequente.
Para se lembrar disso,
Treine por palavras em cada atividade.

Treinar a bodhichitta última

Revele o segredo àquele que alcançou firmeza.
Pense que todos os fenômenos são como sonhos.
Analise a natureza não-nascida da cognição.
Até o próprio oponente está livre de existir do seu próprio lado
Ponha o caminho na base de tudo.
Entre sessões, considere todos os fenômenos como ilusórios.

Transformar condições adversas em caminho à iluminação

Quando o recipiente e o conteúdo estão cheios de mal,
Transforme condições adversas em caminho à iluminação.
Aplique meditação a quaisquer circunstâncias que encontrar.

Como incorporar todas as nossas práticas diárias

Essa breve instrução essencial
Deve ser aplicada com as cinco forças.
As cinco forças são a prática mais importante
Das instruções sobre a transferência Mahayana.

Como medir o sucesso no treino da mente

Todo o Dharma está condensado num único propósito.
Retenha a principal das duas testemunhas.
Confie sempre apenas numa mente feliz.
O indício de ter treinado é a inversão.
O sinal de ter treinado é possuir cinco grandezas.
Alguém está treinado se for capaz de praticar até quando estiver distraído.

Os compromissos do treino da mente

Treine sempre os três pontos gerais.
Permaneça natural enquanto muda de aspiração.
Não fale de membros degenerados.
Nunca pense nas falhas alheias.
Purifique primeiro a sua maior delusão.
Abandone qualquer expectativa por resultados
Abandone comida venenosa.
Não siga as delusões.
Não revide abuso verbal.
Não arme ciladas.
Não ofenda os outros.
Não transfira suas próprias falhas ou fardos aos outros.
Não faça mau uso do Dharma.
Não vise ser o primeiro para ter o melhor.
Não converta um deus num demônio.
Não busque felicidade causando a infelicidade dos outros.

Os preceitos do treino da mente

Faça todos os iogas em um.
Efetue toda supressão de interferência em uma.
Há duas atividades: uma no começo e outra no final.
Aguente ambas, qualquer que surja.
Proteja ambos como protegeria sua vida.
Treine as três dificuldades.
Pratique as três causas principais.
Habitue-se com as três não-degenerações.
Possua as três inseparáveis.
Treine sem preconceito pelos objetos.
É importante treinar profundamente e abranger tudo.
Medite sempre em casos especiais.
Não confie em outras condições.

Aplique agora a prática principal.
Não interprete mal.
Não seja volúvel.
Treine com firmeza.
Seja salvo pelos dois: investigação e análise.
Não seja jactancioso.
Não fique com raiva.
Não seja instável.
Não espere por gratidão.

Conclusão

Por causa dos meus numerosos desejos,
Depois de suportar sofrimento e má reputação,
Recebi as instruções para controlar o agarramento ao em-si.
Agora, se eu morrer, não terei arrependimentos.

Apêndice II

O *Sentido Condensado do Comentário*

O Sentido Condensado do Comentário

As instruções da prática do treino da mente têm nove partes:

1. A linhagem e as preeminentes qualidades destas instruções
2. As práticas preliminares do treino da mente
3. A prática principal: treinar as duas bodhichittas
4. Transformar condições adversas em caminho à iluminação
5. Como incorporar todas as nossas práticas diárias
6. Como medir o sucesso no treino da mente
7. Os compromissos do treino da mente
8. Os preceitos do treino da mente
9. Conclusão

A prática principal: treinar as duas bodhichittas tem duas partes:

1. Treinar a bodhichitta convencional
2. Treinar a bodhichitta última

Treinar a bodhichitta convencional tem duas partes:

1. A prática na sessão de meditação
2. A prática no intervalo entre meditações

A prática na sessão de meditação tem seis partes:

1. Meditar em equalizar eu com outros
2. Contemplar os perigos do autoapreço
3. Contemplar os benefícios de apreciar os outros
4. Meditar em trocar eu por outros
5. Meditar em tomar e dar
6. Meditar na bodhichitta

Meditar em tomar e dar tem duas partes:

1. Tomar por meio de compaixão
2. Dar por meio de amor

Treinar a bodichita última tem duas partes:

1. Treinar a vacuidade durante a sessão de meditação
2. Treinar a vacuidade no intervalo entre meditações

Treinar a vacuidade durante a sessão de meditação tem três partes:

1. Meditar sobre a vacuidade dos fenômenos
2. Meditar sobre a vacuidade da mente
3. Meditar sobre a vacuidade do eu

Transformar condições adversas em caminho à iluminação tem duas partes:

1. Transformar condições adversas em caminho adotando uma linha de pensamento especial
2. Transformar condições adversas em caminho por meio da prática das preparações

Transformar condições adversas em caminho adotando uma linha de pensamento especial tem duas partes:

1. Transformar condições adversas em caminho por meio do método
2. Transformar condições adversas em caminho por meio da sabedoria

Transformar condições adversas em caminho por meio da prática das preparações tem quatro partes:

1. A preparação de acumular mérito
2. A preparação de purificar negatividades
3. A preparação de dar comida aos espíritos obstrutores
4. A preparação de fazer oferendas aos Protetores do Dharma

Como incorporar todas as nossas práticas diárias tem duas partes:

1. Aplicar as cinco forças antes da morte
2. Aplicar as cinco forças na hora da morte

Aplicar as cinco forças antes da morte tem cinco partes:

1. A força da motivação
2. A força da familiaridade
3. A força da semente branca
4. A força da destruição
5. A força da prece de aspiração

Os compromissos do treino da mente têm dezoito partes:

1. Não deixe que sua prática do treino da mente gere comportamento impróprio
2. Não deixe que sua prática do treino da mente contradiga seus votos

3. Não pratique o treino da mente com parcialidade
4. Permaneça natural enquanto muda de aspiração
5. Não fale de membros degenerados
6. Nunca pense nas falhas alheias
7. Purifique primeiro a sua maior delusão
8. Abandone qualquer expectativa por resultados
9. Abandone comida venenosa
10. Não siga as delusões
11. Não revide abuso verbal
12. Não arme ciladas
13. Não ofenda os outros
14. Não transfira suas próprias falhas ou fardos aos outros
15. Não faça mau uso do Dharma
16. Não vise ser o primeiro para ter o melhor
17. Não converta um deus num demônio
18. Não busque felicidade causando a infelicidade dos outros

Os preceitos do treino da mente têm 22 partes:

1. Faça todos os iogas em um
2. Efetue toda supressão de interferência em uma
3. Há duas atividades: uma no começo e outra no final
4. Aguente ambas, qualquer que surja
5. Proteja ambos como protegeria sua vida
6. Treine as três dificuldades
7. Pratique as três causas principais
8. Habitue-se com as três não-degenerações
9. Possua as três inseparáveis
10. Treine sem preconceito pelos objetos
11. É importante treinar profundamente e abranger tudo
12. Medite sempre em casos especiais
13. Não confie em outras condições

14. Aplique agora a prática principal
15. Não interprete mal
16. Não seja volúvel
17. Treine com firmeza
18. Seja salvo pelos dois: investigação e análise
19. Não seja jactancioso
20. Não fique com raiva
21. Não seja instável
22. Não espere por gratidão

Apêndice III

Sadhanas

Prece Libertadora

LOUVOR A BUDA SAHKYAMUNI

Ó Abençoado, Shakyamuni Buda,
Precioso tesouro de compaixão,
Concessor de suprema paz interior,

Tu, que amas todos os seres sem exceção,
És a fonte de bondade e felicidade,
E nos guias ao caminho libertador.

Teu corpo é uma joia-que-satisfaz-os-desejos,
Tua fala é um néctar purificador e supremo
E tua mente, refúgio para todos os seres vivos.

Com as mãos postas, me volto para ti,
Amigo supremo e imutável,
E peço do fundo do meu coração:

Por favor, concede-me a luz de tua sabedoria
Para dissipar a escuridão da minha mente
E curar o meu continuum mental.

Por favor, me nutre com tua bondade,
Para que eu possa, por minha vez, nutrir todos os seres
Com um incessante banquete de deleite.

Por meio de tua compassiva intenção,
De tuas bênçãos e feitos virtuosos
E por meu forte desejo de confiar em ti,

Que todo o sofrimento rapidamente cesse,
Que toda a felicidade e alegria aconteçam
E que o sagrado Dharma floresça para sempre.

Cólofon: Esta prece foi escrita por Venerável Geshe Kelsang Gyatso Rinpoche e é recitada no início de ensinamentos, meditações e preces nos Centros Budistas Kadampas em todo o mundo.

Essência da Boa Fortuna

PRECES PARA AS SEIS PRÁTICAS PREPARATÓRIAS PARA MEDITAÇÃO NAS ETAPAS DO CAMINHO À ILUMINAÇÃO

Essência da Boa Fortuna

Purificar mentalmente o ambiente

Que o solo inteiro
Torne-se completamente puro,
Plano como a palma da mão
E liso como o lápis-lazúli.

Preparar mentalmente oferendas puras

Que todo o espaço cubra-se
Com oferendas de deuses e homens,
Ambas, as efetivas e as imaginadas,
Como as oferendas do Todo-Generoso.

Visualizar os objetos de refúgio

No espaço à minha frente, sobre um trono de leões, numa almofada de lótus, sol e lua, senta-se Buda Shakyamuni, a essência de todos os meus bondosos mestres, rodeado pela assembleia de gurus diretos e indiretos, Yidams, Budas, Bodhisattvas, Ouvintes, Conquistadores Solitários, Heróis, Dakinis e Protetores do Dharma.

Gerar as causas de refúgio

Eu e todas as minhas bondosas mães, temendo os tormentos do samsara, nos voltamos para Buda, Dharma e Sangha, as únicas fontes de refúgio. Doravante, até a iluminação, buscamos refúgio nas Três Joias.

Prece curta de refúgio

Eu e todos os seres sencientes, até alcançarmos a iluminação,
Nos refugiamos em Buda, Dharma e Sangha. (7x, 100x etc.)

Gerar a bodhichitta

Pelas virtudes que coleto, praticando o dar e as outras perfeições,
Que eu me torne um Buda para o benefício de todos. (3x)

Purificação e receber bênçãos

Do coração de todos os objetos de refúgio, luzes e néctares fluem e se dissolvem em mim e em todos os seres vivos, purificando carma negativo e obstruções, aumentando nossas vidas, virtudes e realizações de Dharma.

Gerar as quatro incomensuráveis

Que cada um seja feliz,
Que cada um se liberte da dor,
Que ninguém jamais seja separado de sua felicidade,
Que todos tenham equanimidade, livres do ódio e do apego.

Convidar o Campo para Acumular Mérito

Ó Protetor de todos os seres,
Grande Destruidor das hostes de demônios,
Por favor, ó Abençoado, Conhecedor de Tudo,
Vem a nós com teu séquito.

Prece dos sete membros

Com meu corpo, fala e mente, humildemente me prostro
E faço oferendas, efetivas e imaginadas.
Confesso meus erros em todos os tempos
E regozijo-me nas virtudes de todos.
Peço, permanece até o cessar do samsara
E gira a Roda do Dharma para nós.
Dedico todas as virtudes à grande iluminação.

Oferecimento do mandala

O chão espargido com perfume e salpicado de flores,
A Grande Montanha, quatro continentes, sol e lua,
Percebidos como Terra de Buda e assim oferecidos.
Que todos os seres desfrutem dessas Terras Puras.

Ofereço, sem nenhum sentimento de perda,
Os objetos que fazem surgir meu apego, ódio e confusão,
Meus amigos, inimigos e estranhos, nossos corpos e prazeres.
Peço, aceita-os e abençoa-me, livrando-me diretamente dos três venenos.

IDAM GURU RATNA MANDALAKAM NIRYATAYAMI

Pedidos ao Campo de Acumular Mérito e aos Gurus da linhagem Lamrim

Agora, meu mais bondoso Guru-raiz,
Por favor, senta-te no lótus e lua em minha coroa,
E concede-me, graças à tua grande bondade,
Tuas conquistas de corpo, fala e mente.

Visualize que seu Guru-raiz vem à coroa de sua cabeça e que faz os seguintes pedidos juntamente com você:

Rogo a ti, Buda Shakyamuni,
Cujo corpo provém de incontáveis virtudes,
Cuja fala realiza as esperanças dos mortais,
Cuja mente vê, com clareza, toda a existência.

Rogo a vós, Gurus da linhagem de extensas proezas,
Venerável Maitreya, Nobre Asanga, Vasubandhu,
E a todos os demais preciosos mestres
Que revelaram o caminho da vastidão.

Rogo a vós, Gurus da linhagem da visão profunda,
Venerável Manjushri, Nagarjuna, Chandrakirti,
E a todos os demais preciosos mestres
Que revelaram o mais profundo caminho.

Rogo a vós, Gurus da linhagem do Mantra Secreto,
Conquistador Vajradhara, Tilopa e Naropa,
E a todos os demais preciosos mestres
Que revelaram o caminho do Tantra.

Rogo a vós, Gurus da Antiga Linhagem Kadam,
O segundo Buda Atisha, Dromtonpa, Geshe Potowa,
E a todos os demais preciosos mestres
Que revelaram a união dos caminhos vasto e profundo.

Rogo a vós, Gurus da Nova Linhagem Kadam,
Venerável Tsongkhapa, Jampel Gyatso, Khedrubje,
E a todos os demais preciosos mestres
Que revelaram a união do Sutra e do Tantra.

Rogo a ti, Venerável Kelsang Gyatso,
Protetor de um vasto oceano de seres vivos,
Inigualável Mestre dos caminhos à libertação e à iluminação,
Que conquistou e explica tudo o que foi revelado
Pelo Quarto Libertador deste Afortunado Éon.

Rogo a ti, meu bondoso e precioso Mestre,
Que cuida daqueles com mentes incontroladas,
Indomadas por todos os prévios Budas,
Como se fossem discípulos afortunados.

Pedir os três grandes propósitos

Peço, derramai vossas inspiradoras bênçãos sobre mim e todas as minhas mães, para interrompermos rapidamente todas as mentes perversas, do desrespeito ao nosso bondoso Mestre à mais sutil aparência dual.

Peço, derramai vossas inspiradoras bênçãos, para gerarmos rapidamente mentes puras, do respeito ao nosso bondoso Mestre à suprema mente de União.

Peço, derramai vossas inspiradoras bênçãos, para pacificar todas as obstruções externas e internas. (3x)

Receber bênçãos e purificar

Do coração de todos os seres sagrados, fluem correntes de luz e néctar, concedendo bênçãos e purificando.

Preces das Etapas do Caminho

O caminho começa com firme confiança
No meu bondoso mestre, fonte de todo bem;
Ó, abençoa-me com essa compreensão
Para segui-lo com grande devoção.

Esta vida humana, com todas as suas liberdades,
Extremamente rara, com tanta significação;
Ó, abençoa-me com essa compreensão
Dia e noite para captar a sua essência.

Meu corpo, qual bolha-d'água,
Decai e morre tão rapidamente;
Após a morte vêm os resultados do carma,
Qual sombra de um corpo.

Com esse firme conhecimento e lembrança,
Abençoa-me, para ser extremamente cauteloso,
Evitando sempre ações nocivas
E reunindo abundante virtude.

Os prazeres do samsara são enganosos,
Não trazem contentamento, apenas tormentos;
Abençoa-me para ter o esforço sincero
Para obter o êxtase da liberdade perfeita.

Ó, abençoa-me para que desse pensamento puro
Resulte contínua-lembrança e imensa cautela,
A fim de manter como minha prática essencial
A raiz da doutrina, o Pratimoksha.

Assim como eu, todas as minhas bondosas mães
Estão se afogando no oceano do samsara;

Para que logo eu possa libertá-las,
Abençoa-me para treinar a bodhichitta.

Mas não posso tornar-me um Buda
Apenas com isso, sem as três éticas;
Assim, abençoa-me com a força de praticar
Os votos do Bodhisattva.

Por pacificar minhas distrações
E analisar perfeitos sentidos,
Abençoa-me para logo alcançar a união
Da visão superior com o tranquilo-permanecer.

Quando me tornar um puro recipiente
Pelos caminhos comuns, abençoa-me para ingressar
Na essência da prática da boa fortuna,
O supremo veículo, Vajrayana.

As duas conquistas dependem, ambas,
De meus sagrados votos e compromissos;
Abençoa-me para entender isso claramente
E conservá-los à custa da minha vida.

Por sempre praticar em quatro sessões
A via explicada pelos santos mestres,
Ó, abençoa-me para obter ambos os estágios
Que são a essência dos Tantras.

Que os que me guiam no bom caminho
E meus companheiros tenham longas vidas;
Abençoa-me para pacificar inteiramente
Todos os obstáculos internos e externos.

Que eu sempre encontre perfeitos mestres
E deleite-me no sagrado Dharma,
Conquiste todos os solos e caminhos velozmente
E obtenha o estado de Vajradhara.

Você pode fazer sua meditação neste ponto ou em qualquer outro momento das Preces das Etapas do Caminho.

Recitação do mantra

Após a nossa meditação, contemplamos que do coração de Buda Shakyamuni, o principal Campo de Mérito à nossa frente, emanam infinitos raios de luz que alcançam todos os ambientes e todos os seres. Os seres e os ambientes dissolvem-se em luz e gradualmente se juntam ao Campo de Mérito. Este dissolve-se na figura central, Buda Shakyamuni, que, por sua vez, se dissolve em nosso Guru-raiz, que está na coroa de nossa cabeça, transformando-o instantaneamente no aspecto de Guru Buda Shakyamuni. Ele, então, diminui de tamanho, entra por nossa coroa e desce até o coração. Sua mente e a nossa tornam-se uma única natureza. Recitamos o mantra:

OM MUNI MUNI MAHA MUNIYE SÖHA (7x, 100x, etc.)

Preces dedicatórias

Pelas virtudes que coletei
Praticando as etapas do caminho,
Que todos os seres vivos tenham a oportunidade
De praticar da mesma forma.

Por mais que existam seres vivos
Experienciando sofrimento físico e mental,
Que seus sofrimentos cessem pelo poder do meu mérito
E que todos encontrem eterna felicidade e alegria.

Que cada um experiencie
A felicidade de humanos e deuses
E rapidamente alcance a iluminação,
Para que o samsara seja finalmente extinto.

Para o benefício de todos os seres vivos, tão vastos como o espaço,
Que eu realize grande sabedoria como a de Manjushri,

Grande compaixão como a de Avalokiteshvara,
Grande poder como o de Vajrapani.

O Budadharma é o remédio supremo
Que alivia toda dor mental,
Portanto, que essa preciosa Joia Dharma
Permeie todos os mundos por todo o espaço.

Que surja na mente de todos os seres vivos,
Grande fé em Buda, Dharma e Sangha
E que assim eles sempre recebam
As bênçãos das Três Joias Preciosas.

Que jamais surjam neste mundo
O infortúnio da doença incurável, fome ou guerra,
Ou o perigo de terremotos, incêndios,
Enchentes, tempestades e assim por diante.

Que todos os seres-mães encontrem preciosos mestres,
Que revelam as etapas do caminho à iluminação,
E, por praticarem esse caminho,
Alcancem rapidamente a paz suprema da plena iluminação.

Pelas bênçãos dos Budas e Bodhisattvas,
Pela verdade das ações e seus efeitos
E pelo poder da minha pura intenção superior
Que todas as minhas preces sejam satisfeitas.

Preces pela Tradição Virtuosa

Para que a tradição de Je Tsongkhapa,
O Rei do Dharma, floresça,
Que todos os obstáculos sejam pacificados
E todas as condições favoráveis sejam abundantes.

Pelas duas coleções, minhas e dos outros
Reunidas ao longo dos três tempos,
Que a doutrina do Conquistador Losang Dragpa
Floresça para sempre.

Prece *Migtsema* de nove linhas

Tsongkhapa, ornamento-coroa dos eruditos da Terra das Neves,
Tu és Buda Shakyamuni e Vajradhara, a fonte de todas as conquistas,
Avalokiteshvara, o tesouro de inobservável compaixão,
Manjushri, a suprema sabedoria imaculada,
E Vajrapani, o destruidor das hostes de maras.
Ó Venerável Guru Buda, síntese das Três Joias,
Com meu corpo, fala e mente, respeitosamente faço pedidos.
Peço, concede tuas bênçãos para amadurecer e libertar a mim e aos outros,
E confere-nos as aquisições comuns e supremas. (3x)

Se não pudermos recitar todas essas preces em cada sessão de meditação, devemos, ao menos, nos lembrar de Guru Buda Shakyamuni em nossa coroa, lembrando que sua mente é a síntese de todas as Joias Buda, sua fala a síntese de todas as Joias Dharma e seu corpo a síntese de todas as Joias Sangha. A continuação, com forte fé, buscamos refúgio fazendo a prece curta, geramos bodhichitta, oferecemos o mandala, pedimos os três grandes propósitos e recebemos bênçãos e purificamos.

Se fazermos estas três práticas cada vez que nos sentarmos para meditar - acumular mérito, purificar carma negativo, e fazer pedidos para receber bênçãos e inspiração -, cumpriremos os três propósitos de fazer as práticas preparatórias. Ao concluir cada sessão de meditação, devemos dedicar o mérito.

Cólofon: Essas preces foram compiladas de fontes tradicionais por Geshe Kelsang Gyatso. A estrofe de pedidos a Geshe Kelsang Gyatso foi escrita pelo Protetor do Dharma Duldzin Dorje Shugden e incluída nas preces a pedido dos discípulos devotados de Geshe Kelsang.

Preces para Meditação

PRECES PREPARATÓRIAS CURTAS
PARA MEDITAÇÃO

Preces para Meditação

Buscar refúgio

Eu e todos os seres sencientes, até alcançarmos a iluminação,
Nos refugiamos em Buda, Dharma e Sangha. (3x, 7x, 100x etc.)

Gerar bodhichitta

Pelas virtudes que coleto, praticando o dar e as outras perfeições,
Que eu me torne um Buda para o benefício de todos. (3x)

Gerar as quatro incomensuráveis

Que cada um seja feliz,
Que cada um se liberte da dor,
Que ninguém jamais seja separado de sua felicidade,
Que todos tenham equanimidade, livres do ódio e do apego.

Visualizar o Campo de Mérito

No espaço à minha frente está Buda Shakyamuni vivo, rodeado por todos os Budas e Bodhisattvas, como a lua cheia rodeada pelas estrelas.

Prece dos sete membros

Com meu corpo, fala e mente, humildemente me prostro
E faço oferendas, efetivas e imaginadas.
Confesso meus erros em todos os tempos
E regozijo-me nas virtudes de todos.
Peço, permanece até o cessar do samsara

E gira a Roda do Dharma para nós.
Dedico todas as virtudes à grande iluminação

Oferecimento do mandala

O chão espargido com perfume e salpicado de flores,
A Grande Montanha, quatro continentes, sol e lua,
Percebidos como Terra de Buda e assim oferecidos.
Que todos os seres desfrutem dessas Terras Puras.

Ofereço, sem nenhum sentimento de perda,
Os objetos que fazem surgir meu apego, ódio e confusão,
Meus amigos, inimigos e estranhos, nossos corpos e prazeres.
Peço, aceita-os e abençoa-me, livrando-me diretamente dos três venenos.

IDAM GURU RATNA MANDALAKAM NIRYATAYAMI

Preces das etapas do caminho

O caminho começa com firme confiança
No meu bondoso mestre, fonte de todo bem;
Ó, abençoa-me com essa compreensão
Para segui-lo com grande devoção.

Esta vida humana, com todas as suas liberdades,
Extremamente rara, com tanta significação;
Ó, abençoa-me com essa compreensão
Dia e noite para captar a sua essência.

Meu corpo, qual bolha-d'água,
Decai e morre tão rapidamente;
Após a morte vêm os resultados do carma,
Qual sombra de um corpo.

Com esse firme conhecimento e lembrança,
Abençoa-me, para ser extremamente cauteloso,
Evitando sempre ações nocivas
E reunindo abundante virtude.

Os prazeres do samsara são enganosos,
Não trazem contentamento, apenas tormentos;
Abençoa-me para ter o esforço sincero
Para obter o êxtase da liberdade perfeita.

Ó, abençoa-me para que desse pensamento puro
Resulte contínua-lembrança e imensa cautela,
A fim de manter como minha prática essencial
A raiz da doutrina, o Pratimoksha.

Assim como eu, todas as minhas bondosas mães
Estão se afogando no oceano do samsara;
Para que logo eu possa libertá-las,
Abençoa-me para treinar a bodhichitta.

Mas não posso tornar-me um Buda
Apenas com isso, sem as três éticas;
Assim, abençoa-me com a força de praticar
Os votos do Bodhisattva.

Por pacificar minhas distrações
E analisar perfeitos sentidos,
Abençoa-me para logo alcançar a união
Da visão superior com o tranquilo-permanecer.

Quando me tornar um puro recipiente
Pelos caminhos comuns, abençoa-me para ingressar
Na essência da prática da boa fortuna,
O supremo veículo, Vajrayana.

As duas conquistas dependem, ambas,
De meus sagrados votos e compromissos;
Abençoa-me para entender isso claramente
E conservá-los à custa da minha vida.

Por sempre praticar em quatro sessões
A via explicada pelos santos mestres,
Ó, abençoa-me para obter ambos os estágios
Que são a essência dos Tantras.

Que os que me guiam no bom caminho
E meus companheiros tenham longas vidas;
Abençoa-me para pacificar inteiramente
Todos os obstáculos internos e externos.

Que eu sempre encontre perfeitos mestres
E deleite-me no sagrado Dharma,
Conquiste todos os solos e caminhos velozmente
E obtenha o estado de Vajradhara.

Receber bênçãos e purificar

Do coração de todos os seres sagrados, fluem correntes de luz e néctar, concedendo bênçãos e purificando.

Neste ponto, fazemos a contemplação e a meditação. Após a meditação, dedicamos nosso mérito enquanto recitamos as seguintes preces:

Preces dedicatórias

Pelas virtudes que coletei
Praticando as etapas do caminho,
Que todos os seres vivos tenham a oportunidade
De praticar da mesma forma.

Que cada um experiencie
A felicidade de humanos e deuses
E rapidamente alcance a iluminação,
Para que o samsara seja finalmente extinto.

Preces pela Tradição Virtuosa

Para que a tradição de Je Tsongkhapa,
O Rei do Dharma, floresça,
Que todos os obstáculos sejam pacificados
E todas as condições favoráveis sejam abundantes.

Pelas duas coleções, minhas e dos outros
Reunidas ao longo dos três tempos,

Que a doutrina do Conquistador Losang Dragpa
Floresça para sempre.

Prece *Migtsema* de nove linhas

Tsongkhapa, ornamento-coroa dos eruditos da Terra das Neves,
Tu és Buda Shakyamuni e Vajradhara, a fonte de todas as conquistas,
Avalokiteshvara, o tesouro de inobservável compaixão,
Manjushri, a suprema sabedoria imaculada,
E Vajrapani, o destruidor das hostes de maras.
Ó Venerável Guru Buda, síntese das Três Joias,
Com meu corpo, fala e mente, respeitosamente faço pedidos.
Peço, concede tuas bênçãos para amadurecer e libertar a mim e aos outros,
E confere-nos as aquisições comuns e supremas. (3x)

Cólofon: Essas preces foram compiladas de fontes tradicionais pelo Venerável Geshe Kelsang Gyatso.

Glossário

Agarramento ao em-si Mente conceitual que considera todos os fenômenos como inerentemente existentes. O agarramento ao em-si dá origem a todas as demais delusões, como raiva e apego, e é a raiz de todos os sofrimentos e insatisfações. Consultar *Novo Coração de Sabedoria.*

Agregado Em geral, todas as coisas funcionais são agregados porque são uma agregação de suas partes. Em particular, uma pessoa do reino do desejo ou do reino da forma tem cinco agregados: os agregados forma, sensação, discriminação, fatores de composição e consciência. Um ser do reino da sem-forma carece do agregado forma, mas possui os outros quatro agregados. O agregado forma de uma pessoa é o seu corpo. Os quatro agregados restantes são aspectos de sua mente. Ver também agregado(s) contaminado(s). Consultar *Novo Coração de Sabedoria.*

Agregado(s) contaminado(s) Qualquer um dos agregados forma, sensação, discriminação, fatores de composição e consciência de um ser samsárico. Ver também agregado. Consultar *Novo Coração de Sabedoria.*

Análise Fator mental que examina um objeto para obter uma compreensão de sua natureza sutil. Consultar *Como Entender a Mente.*

Apego Fator mental deludido que observa seu objeto contaminado, considera-o como causa de felicidade e deseja-o. Consultar *Como Entender a Mente* e *Caminho Alegre da Boa Fortuna.*

Aspiração Fator mental que focaliza um objeto de desejo e se interessa por ele. Consultar *Como Entender a Mente.*

Atenção imprópria Mente que enfoca as qualidades de um objeto contaminado e as exagera. Ela é o que, de fato, gera as delusões. Consultar *Caminho Alegre da Boa Fortuna*.

Avalokiteshvara A corporificação da compaixão de todos os Budas. Na época de Buda Shakyamuni, manifestou- se como um discípulo Bodhisattva. É chamado "Chenrezig" em tibetano. Consultar *Viver Significativamente, Morrer com Alegria*.

Base(s) de imputação Todos os fenômenos são imputados, ou designados, sobre suas partes. Por essa razão, qualquer uma das partes individuais ou a coleção completa das partes de qualquer fenômeno é a sua base de imputação, ou base de designação. Um fenômeno é imputado pela mente na dependência da base de imputação do fenômeno que aparece à mente. Consultar *Novo Coração de Sabedoria*.

Bênção Transformação da nossa mente de um estado negativo para um estado positivo, de um estado infeliz para um estado feliz, de um estado de fraqueza para um estado de vigor, pela inspiração de seres sagrados, como nosso Guia Espiritual, Budas e Bodhisattvas.

Bodhisattva Uma pessoa que gerou a bodhichitta espontânea, mas que ainda não se tornou um Buda. Assim que um praticante gera a bodhichitta não-artificial, ou espontânea, ele se torna um Bodhisattva e ingressa no primeiro caminho mahayana, o Caminho da Acumulação. Um Bodhisattva comum é aquele que ainda não realizou diretamente a vacuidade, e um Bodhisattva Superior é quem já o fez. Consultar *Budismo Moderno*, *Caminho Alegre da Boa Fortuna* e *Contemplações Significativas*.

Buda Um ser que abandonou completamente todas as delusões e suas marcas. Todo ser vivo tem o potencial de se tornar um Buda. Consultar *Budismo Moderno* e *Caminho Alegre da Boa Fortuna*.

Buda Shakyamuni O quarto de mil Budas que vão aparecer neste mundo durante o Éon Afortunado. Os primeiros foram: Krakuchchanda, Kanakamuni e Kashyapa. O quinto será Maitreya. Consultar *Introdução ao Budismo*.

Caminho/Caminho espiritual Uma excelsa percepção associada com renúncia espontânea, ou não fabricada. Caminho espiritual, solo espiritual, veículo espiritual e excelsa percepção são sinônimos. Ver também solo/solo espiritual. Consultar *Solos e Caminhos Tântricos* e *Oceano de Néctar*.

Campo de Mérito Geralmente, refere-se às Três Joias. Assim como sementes exteriores crescem num campo de cultivo, as sementes virtuosas interiores, produzidas pelas ações virtuosas, crescem na dependência da Joia Buda, da Joia Dharma e da Joia Sangha. Também conhecido como "Campo para Acumular Mérito".

Carma Termo sânscrito que significa ação. Pela força da intenção, realizamos ações com nosso corpo, fala e mente, e todas essas ações produzem efeitos. O efeito das ações virtuosas é felicidade, e o das ações negativas é sofrimento. Consultar *Caminho Alegre da Boa Fortuna*.

Coleção de mérito Ação virtuosa motivada pela bodhichitta e causa principal para alcançar o Corpo-Forma de um Buda. Alguns exemplos são fazer oferendas e prostrações aos seres sagrados com a motivação de bodhichitta e praticar as seis perfeições, como dar, disciplina moral ou paciência.

Coleção de sabedoria Ação mental virtuosa motivada pela bodhichitta e causa principal para alcançar o Corpo-Verdade de um Buda. Alguns exemplos são ouvir, contemplar e meditar sobre a vacuidade com a motivação de bodhichitta.

Concentração Fator mental que faz sua mente primária permanecer estritamente focada em seu objeto. Consultar *Caminho Alegre da Boa Fortuna*, *Contemplações Significativas* e *Como Entender a Mente*.

Contínua-lembrança Fator mental que atua para não esquecer o objeto compreendido pela mente primária. Consultar *Contemplações Significativas* e *Como Entender a Mente*.

Corpo-Forma O Corpo-de-Deleite e o Corpo-Emanação de um Buda.

Corpos de Buda Um Buda possui quatro corpos: o Corpo-Verdade-Sabedoria, o Corpo-Natureza, o Corpo-de-Deleite e o Corpo-Emanação. O Corpo-Verdade-Sabedoria é a mente onisciente de Buda. O Corpo-Natureza é a vacuidade, ou natureza última, de sua mente. O Corpo-de-Deleite é seu Corpo-Forma sutil. O Corpo-Emanação, a partir do qual cada Buda manifesta um número incontável de corpos, são Corpos-Forma densos visíveis aos seres comuns. O Corpo-Verdade-Sabedoria e o Corpo-Natureza estão, ambos, incluídos no Corpo-Verdade, e o Corpo-de-Deleite e o Corpo-Emanação estão, ambos, incluídos no Corpo-Forma. Consultar *Caminho Alegre da Boa Fortuna* e *Solos e Caminhos Tântricos*.

Corpo-Verdade Ver Corpos de Buda.

Dedicatória A dedicatória é, por natureza, um fator mental virtuoso; é a intenção virtuosa que atua para impedir que a virtude acumulada se degenere bem como para causar seu aumento. Consultar *Caminho Alegre da Boa Fortuna*.

Deidade "Yidam" em tibetano. Um ser iluminado tântrico.

Delusão Fator mental que surge de atenção imprópria e que atua tornando a mente perturbada e descontrolada. Existem três delusões principais: ignorância, apego desejoso e raiva. Delas surgem todas as demais delusões, como inveja, orgulho e dúvida deludida. Consultar *Caminho Alegre da Boa Fortuna* e *Como Entender a Mente*.

Delusões-obstruções Ver obstruções à libertação.

Deuses Seres do reino dos deuses, o mais elevado dos seis reinos do samsara. Existem muitos tipos diferentes de deuses. Alguns são deuses do reino do desejo, enquanto outros são deuses do reino da forma ou do reino da sem-forma. Consultar *Caminho Alegre da Boa Fortuna*.

Dharma Os ensinamentos de Buda e as realizações interiores obtidas na dependência da prática desses ensinamentos. "Dharma" significa "proteção". Por praticar os ensinamentos de Buda, nos protegemos de sofrimento e problemas.

Disciplina moral Determinação mental virtuosa de abandonar qualquer falha ou uma ação física ou verbal motivada por essa determinação. Consultar *Caminho Alegre da Boa Fortuna*.

Dromtonpa (1004–1064) Principal discípulo de Atisha. Consultar *Caminho Alegre da Boa Fortuna*.

Duas obstruções Ver obstruções à libertação e obstruções à onisciência.

Esforço Fator mental que faz sua mente primária se deleitar em virtude. Consultar *Caminho Alegre da Boa Fortuna* e *Como Entender a Mente*.

Espíritos famintos Seres do reino dos fantasmas famintos, o segundo reino mais inferior dos seis reinos do samsara (o inferno é o mais inferior de todos). Esses seres também são chamados "fantasmas famintos". Consultar *Caminho Alegre da Boa Fortuna*.

Etapas do caminho Ver Lamrim.

Existência cíclica Ver samsara.

Existência inerente Modo de existência imaginado, no qual os fenômenos são considerados como existindo do seu próprio lado, independentes de outros fenômenos. Em realidade, todos os fenômenos carecem, ou são vazios, de existência inerente, pois dependem de outros fenômenos. Consultar *Budismo Moderno* e *Novo Coração de Sabedoria*.

Fator mental Conhecedor que apreende, principalmente, um atributo específico de um objeto. Existem 51 fatores mentais específicos. Cada momento da mente contém uma mente primária e vários fatores mentais. Consultar *Como Entender a Mente.*

Fé Mente naturalmente virtuosa que atua principalmente para se opor à percepção de falhas em seu objeto observado. Existem três tipos de fé: fé de acreditar, fé de admirar e fé de almejar. Consultar *Caminho Alegre da Boa Fortuna*, *Como Entender a Mente* e *Transforme sua Vida*.

Felicidade mundana Felicidade limitada que pode ser encontrada no samsara, como a felicidade de humanos e deuses.

Felicidade supramundana A felicidade pura da libertação e da iluminação.

Geshe Título concedido pelos monastérios kadampa para eruditos budistas realizados. Geshe é uma abreviação de "ge wai she nyem", que, em tibetano, significa literalmente "amigo virtuoso".

Guia do Estilo de Vida do Bodhisattva Texto budista mahayana clássico, escrito pelo grande iogue e erudito budista indiano Shantideva, que apresenta todas as práticas de um Bodhisattva, desde as primeiras etapas de gerar a bodhichitta até a conclusão da prática das seis perfeições. Para ler a tradução dessa obra, consultar ***Guia do Estilo de Vida do Bodhisattva***. Para um comentário completo a esse texto, ler *Contemplações Significativas*.

Guia Espiritual "Guru" em sânscrito e "Lama" em tibetano. O Guia Espiritual é um professor que nos guia ao longo do caminho espiritual. Consultar *Caminho Alegre da Boa Fortuna* e *Grande Tesouro de Mérito*.

Heruka Principal Deidade do Tantra-Mãe e a corporificação de êxtase e vacuidade indivisíveis. Ele tem um corpo azul, quatro faces e doze braços e está em abraço com sua consorte,

Vajravarahi. Consultar *Budismo Moderno* e *Essência do Vajrayana*.

Hinayana Termo sânscrito para "Pequeno Veículo". A meta hinayana é meramente a conquista da libertação do sofrimento para si próprio pelo completo abandono das delusões. Consultar *Caminho Alegre da Boa Fortuna*.

Iluminação Normalmente, refere-se à plena iluminação da Budeidade. Existem três níveis de iluminação: pequena iluminação (ou a iluminação de um Ouvinte); iluminação mediana (ou a iluminação de um Conquistador Solitário); e a grande iluminação (ou a iluminação de um Buda), também conhecida como "Budeidade". A iluminação é uma libertação e uma verdadeira cessação. Consultar *Budismo Moderno* e *Caminho Alegre da Boa Fortuna*.

Imputação, mera De acordo com a mais elevada escola filosófica budista, a escola Madhyamika-Prasangika, todos os fenômenos são meramente imputados por concepção na dependência de suas bases de imputação. Por essa razão, eles são meras imputações e não existem do seu próprio lado de modo algum. Ver também base de imputação. Consultar *Budismo Moderno*, *Novo Coração de Sabedoria* e *Oceano de Néctar*.

Inveja Fator mental deludido que sente desgosto ao observar os prazeres, as boas qualidades ou a boa sorte dos outros. Consultar *Como Entender a Mente*.

Ioga Termo utilizado para várias práticas espirituais que requerem a manutenção de uma visão especial, como as práticas de Guru-Ioga e os iogas de dormir, de acordar e de experimentar néctar. "Ioga" refere-se também a "união", como a união do tranquilo-permanecer com a visão superior. Consultar *Novo Guia à Terra Dakini*.

Iogue/Ioguine Termos sânscritos normalmente utilizados para se referir a um meditador masculino ou feminino que alcançou a união do tranquilo-permanecer com a visão superior.

Je Phabongkhapa (1878–1941) Grande lama tibetano que foi uma emanação de Heruka. Phabongkha Rinpoche foi o detentor de muitas linhagens de Sutra e do Mantra Secreto. Ele foi o Guru-raiz de Dorjechang Trijang Rinpoche (Kyabje Trijang Rinpoche).

Je Tsongkhapa (1357–1419) Je Tsongkhapa foi uma emanação do Buda da Sabedoria Manjushri. Sua aparição no século XIV como um monge e detentor da linhagem da visão pura e de feitos puros, no Tibete, foi profetizada por Buda. Je Tsongkhapa difundiu um Budadharma muito puro por todo o Tibete, mostrando como combinar as práticas de Sutra e de Tantra e como praticar o puro Dharma durante tempos degenerados. Sua tradição ficou conhecida posteriormente como "Gelug" ou "Tradição Ganden". Consultar *Joia-Coração* e *Grande Tesouro de Mérito*.

Kadampa Palavra tibetana na qual "Ka" significa "palavra" e refere-se a todos os ensinamentos de Buda; "dam" refere-se às instruções de Lamrim especiais de Atisha, conhecidas como "etapas do caminho à iluminação"; e "pa" refere-se ao seguidor do Budismo Kadampa que integra todos os ensinamentos de Buda que conhece em sua prática de Lamrim. Ver também Tradição Kadampa.

Lamrim Termo tibetano que significa literalmente "etapas do caminho". O Lamrim é uma organização especial de todos os ensinamentos de Buda, que é fácil de compreender e de ser em prática. Ele revela todas as etapas do caminho à iluminação. Para um comentário completo ao Lamrim, consultar *Caminho Alegre da Boa Fortuna*.

Langri Tangpa, Geshe (1054-1123) Eminente mestre da Tradição Kadampa, famoso por sua realização da prática de trocar eu por outros. Autor de *As Oito Estrofes do Treino da Mente*. Consultar *Oito Passos para a Felicidade*.

Libertação Liberdade completa do samsara e de suas causas, as delusões. Consultar *Caminho Alegre da Boa Fortuna*.

Linhagem Continuum (*line*, em inglês) de instruções transmitido de Guia Espiritual para discípulo, em que cada Guia Espiritual da linhagem obteve uma experiência pessoal da instrução antes de passá-la para os outros.

Lojong Termo tibetano que significa literalmente "treino da mente". Uma linhagem especial de instruções que vieram de Buda Shakyamuni e passaram de Manjushri e Shantideva para Atisha e para os geshes kadampas, na qual se enfatiza gerar a bodhichitta por meio das práticas de equalizar eu com outros e de trocar eu por outros, em associação com o tomar e dar. Consultar *Oito Passos para a Felicidade* e *Budismo Moderno*.

Mahayana Termo sânscrito para "Grande Veículo", o caminho espiritual à grande iluminação. A meta mahayana é conquistar a Budeidade para o benefício de todos os seres sencientes, pelo abandono completo das delusões e de suas marcas. Consultar *Caminho Alegre da Boa Fortuna* e *Contemplações Significativas*.

Manjushri A corporificação da sabedoria de todos os Budas. No tempo de Buda Shakyamuni, Manjushri manifestou-se como um discípulo Bodhisattva a fim de mostrar, aos discípulos de Buda, como ser um perfeito discípulo mahayana. Consultar *Grande Tesouro de Mérito* e *Joia-Coração*.

Mantra Termo sânscrito que significa literalmente "proteção da mente". O mantra protege a mente das aparências e concepções comuns. Existem quatro tipos de mantra: mantras que são mente, mantras que são vento interior, mantras que são som e mantras que são forma. Em geral, existem três tipos de recitação de mantra: recitação verbal, recitação mental e recitação vajra. Consultar *Solos e Caminhos Tântricos*.

Mantra Secreto Sinônimo de Tantra. Os ensinamentos do Mantra Secreto diferem dos ensinamentos de Sutra por revelarem métodos de treinar a mente com o objetivo de trazer o resultado futuro – a Budeidade – para o caminho atual.

O Mantra Secreto é o caminho supremo à plena iluminação. O termo "mantra" indica que se trata de uma instrução especial de Buda para proteger a nossa mente das aparências e concepções comuns. Os praticantes do Mantra Secreto superam as aparências e concepções comuns visualizando o seu corpo, ambiente, prazeres e atividades como sendo os de um Buda. O termo "secreto" indica que as práticas devem ser feitas reservadamente e apenas pelos que receberam uma iniciação tântrica. Consultar *Budismo Moderno*, *Clara-Luz de Êxtase*, *Mahamudra-Tantra* e *Solos e Caminhos Tântricos*.

Marca(s) Existem dois tipos de marca: marcas das ações e marcas das delusões. Cada ação que fazemos deixa uma marca na consciência mental, e essas marcas são potencialidades cármicas para experienciar determinados efeitos no futuro. As marcas deixadas pelas delusões permanecem mesmo depois das próprias delusões terem sido removidas, do mesmo modo que o cheiro de alho permanece num recipiente depois do alho ter sido removido. As marcas das delusões são obstruções à onisciência e são completamente abandonadas somente pelos Budas.

Meditação Meditação é uma mente que se concentra em um objeto virtuoso, e é também uma ação mental que é a causa principal de paz mental. Existem dois tipos de meditação: meditação analítica e meditação posicionada. Quando usamos nossa imaginação, contínua-lembrança e capacidade de raciocínio para encontrar nosso objeto de meditação, isso é *meditação analítica*. Quando encontramos nosso objeto e o retemos de modo estritamente focado, isso é *meditação posicionada*. Existem diferentes tipos de objeto. Alguns, como a impermanência ou a vacuidade, são objetos apreendidos pela mente. Outros, como amor, compaixãoe renúncia, são estados mentais propriamente ditos. Empenhamo-nos em meditação analítica até que o objeto específico que buscamosapareça de modo claro para a nossa mente ou até que surja o estado mental específico que desejamos gerar. Esse objeto ou estado mental específico é o nosso objeto de meditação posicionada. Consultar *Novo Manual de Meditação*.

Mente Aquilo que é clareza e que conhece. A mente é clareza porque sempre carece de forma e porque tem o poder de perceber objetos. A mente conhece porque sua função é conhecer ou perceber. Consultar *Como Entender a Mente*.

Mente conceitual Pensamento que apreende seu objeto por meio de uma imagem genérica, ou mental. Consultar *Como Entender a Mente*.

Mente primária Conhecedor que apreende, principalmente, a mera entidade de um objeto. Sinônimo de consciência. Existem seis mentes primárias: consciência visual, consciência auditiva, consciência olfativa, consciência gustativa, consciência tátil e consciência mental. Cada momento da mente contém uma mente primária e vários fatores mentais. Uma mente primária e seus fatores mentais acompanhantes são a mesma entidade, mas atuam (ou funcionam) de maneiras diferentes. Consultar *Como Entender a Mente*.

Mérito Boa fortuna criada por ações virtuosas. É um poder potencial para aumentar nossas boas qualidades e produzir felicidade.

Método Qualquer caminho espiritual que atua para amadurecer nossa linhagem búdica. Treinar em renúncia, compaixão e bodhichitta são exemplos de práticas do método.

Milarepa (1040–1123) Um grande meditador budista tibetano e discípulo de Marpa. Ele é celebrado por suas belas canções de realização.

Nagarjuna Grande erudito budista indiano e mestre de meditação que reviveu o Mahayana no primeiro século e que trouxe à luz os ensinamentos sobre os Sutras Perfeição de Sabedoria. Consultar *Novo Coração de Sabedoria*.

Natureza búdica A mente muito sutil de um ser senciente e a natureza última dessa mente. Semente búdica, natureza búdica e linhagem búdica são sinônimos. Todos os seres sencientes possuem a natureza búdica e, portanto, têm o potencial para alcançar a Budeidade. Consultar *Mahamudra-Tantra*.

Nove permanências mentais Nove níveis de concentração que levam ao tranqüilo-permanecer. São elas: posicionamento da mente, contínuo-posicionamento, reposicionamento, estreito posicionamento, controle, pacificação, pacificação completa, unifocalização, posicionamento em equilíbrio. Consultar *Caminho Alegre da Boa Fortuna* e *Contemplações Significativas*.

Nirvana Termo sânscrito que significa "estado além da dor". Liberdade completa em relação ao samsara e as suas causas, as delusões. Consultar *Caminho Alegre da Boa Fortuna*.

Obstruções à libertação Obstruções que impedem a conquista da libertação. Todas as delusões, como ignorância, apego e raiva, juntamente com suas sementes, são obstruções à libertação. São também denominadas "delusões-obstruções".

Obstruções à onisciência As marcas das delusões, que impedem a realização direta e simultânea de todos os fenômenos. Somente os Budas superaram essas obstruções.

Oferenda ao Guia Espiritual "Lama Chopa", em tibetano. Guru-Ioga especial de Je Tsongkhapa, no qual visualizamos nosso Guia Espiritual como Lama Losang Tubwang Dorjechang. As instruções dessa prática foram reveladas por Buda Manjushri na *Escritura Emanação Kadam* e, posteriormente, escritas pelo I Panchen Lama. É uma prática preliminar essencial para o Mahamudra Vajrayana. Para um comentário completo, consultar *Grande Tesouro de Mérito*.

Oferenda do mandala Oferenda do universo inteiro visualizado como uma Terra Pura, com todos os seus habitantes como seres puros. *Consultar Grande Tesouro de Mérito* e *Novo Guia à Terra Dakini*.

Orgulho Fator mental deludido que, ao considerar e exagerar nossas próprias boas qualidades ou posses, nos torna arrogantes. Consultar *Como Entender a Mente.*

Perfeição de Sabedoria Sutras da segunda girada da Roda do Dharma, em que Buda revelou sua visão final sobre a natureza última dos fenômenos - a vacuidade de existência inerente. Consultar *Novo Coração de Sabedoria.*

Postura de sete pontos de Vairochana Postura de meditação especial, na qual partes do corpo adotam posições específicas: 1) sentarse numa almofada confortável com as pernas cruzadas na postura vajra - os pés colocados sobre as coxas opostas; 2) as costas eretas; 3) a cabeça ligeiramente inclinada para frente; 4) os olhos levemente abertos direcionados para a ponta do nariz; 5) os ombros emparelhados; 6) a boca suavemente fechada; e 7) quatro dedos abaixo do umbigo, a mão direita sobre a mão esquerda, as palmas voltadas para cima, e os dois polegares levantados tocam-se na altura do umbigo. Consultar *Caminho Alegre da Boa Fortuna.*

Práticas preparatórias Práticas que nos preparam para uma meditação bem-sucedida, tais como purificar a mente, acumular mérito e receber bênçãos. Consultar *Caminho Alegre da Boa Fortuna* e *Novo Manual de Meditação.*

Pratimoksha Palavra sânscrita que significa "libertação individual". Consultar *O Voto do Bodhisattva.*

Preguiça Fator mental deludido que, motivado por apego a atividades ou prazeres mundanos, não gosta de atividades virtuosas.

Prostração Ação por meio da qual demonstramos respeito com o corpo, a fala ou a mente. Consultar *Caminho Alegre da Boa Fortuna* e *O Voto do Bodhisattva.*

Protetor do Dharma Emanação de um Buda ou Bodhisattva, cuja principal função é eliminar obstáculos e reunir todas as condições necessárias para os puros praticantes de Dharma. Também chamado "Dharmapala" em sânscrito. Consultar *Joia-Coração*.

Puja Cerimônia em que fazemos oferendas e outros atos de devoção diante dos seres sagrados.

Realização Experiência estável e não equivocada de um objeto virtuoso, que nos protege diretamente do sofrimento.

Refúgio Proteção efetiva. Buscar refúgio em Buda, Dharma e Sangha significa ter fé nessas Três Joias e confiar nelas para nos proteger contra todos os medos e sofrimentos. Consultar *Caminho Alegre da Boa Fortuna.*

Reino da forma O ambiente dos deuses que possuem forma. São assim chamados porque os deuses que habitam esse reino têm formas sutis. Consultar *Oceano de Néctar.*

Reino da sem-forma O ambiente dos deuses que não possuem forma. Consultar *Oceano de Néctar.*

Reino do inferno O reino mais inferior dos seis reinos do samsara. Consultar *Caminho Alegre da Boa Fortuna.*

Reinos inferiores O reino do inferno, o reino dos espíritos famintos e o reino animal. Ver samsara.

Renúncia O desejo de se libertar do samsara. Consultar *Caminho Alegre da Boa Fortuna.*

Roda do Dharma Coleção dos ensinamentos de Buda. Buda deu seus ensinamentos em três principais momentos, que são conhecidos como "as três giradas da Roda do Dharma". Durante a primeira girada da Roda do Dharma, ele ensinou as Quatro Nobres Verdades; durante a segunda girada, ensinou os *Sutras Perfeição de Sabedoria* e revelou a visão Madhyamika-Prasangika; e durante a terceira girada, Buda ensinou a visão Chittamatra. Esses ensinamentos foram dados de acordo com as inclinações e disposições de seus discípulos. A visão final e conclusiva de Buda é a da segunda girada da Roda do Dharma. O Dharma é comparado à preciosa roda, uma das posses de um legendário rei chakravatin. Essa roda podia transportar o rei por grandes distâncias num tempo muito curto, e diz-se que, para onde quer que a preciosa roda viajasse, o rei reinava nesse local. De modo semelhante, quando Buda revelou o caminho à iluminação, ele disse ter "girado a Roda do Dharma" porque, onde quer que esses ensinamentos sejam apresentados, as mentes deludidas são colocadas sob controle.

Sabedoria Mente inteligente virtuosa que faz sua mente primária compreender ou realizar seu objeto por inteiro. A sabedoria é um caminho espiritual que atua, ou funciona, para libertar nossa mente das delusões ou das marcas das delusões. Um exemplo de sabedoria é a visão correta da vacuidade. Consultar *Novo Coração de Sabedoria*, *Como Entender a Mente* e *Oceano de Néctar*.

Samsara Pode ser compreendido de duas maneiras - como o renascimento ininterrupto sem liberdade ou controle ou como os agregados de um ser que está submetido a esse tipo de renascimento. O samsara caracteriza-se por sofrimento e insatisfação. Existem seis reinos no samsara. Colocados em ordem crescente de acordo com o tipo de carma que causa o renascimento em cada um deles, temos os reinos dos seres-do-inferno, espíritos famintos, animais, humanos, semideuses e deuses. Os primeiros três reinos são reinos inferiores, ou migrações infelizes, e os três reinos restantes são reinos elevados, ou migrações felizes. Do ponto de vista do carma que causa o renascimento nele, o reino dos deuses é considerado o mais elevado. Todavia, o reino humano é o mais afortunado, porque é o estado que oferece as melhores condições para a libertação e a iluminação. Consultar *Caminho Alegre da Boa Fortuna*.

Sangha Segundo a tradição Vinaya, qualquer comunidade de quatro ou mais monges e monjas plenamente ordenados. Em geral, pessoas ordenadas ou leigas que tomaram os votos do Bodhisattva ou tântricos também podem ser consideradas Sangha.

Seis perfeições As perfeições de dar, disciplina moral, paciência, esforço, concentração e sabedoria. Denominam-se perfeições porque são motivadas pela bodhichitta. Consultar *Caminho Alegre da Boa Fortuna* e *Contemplações Significativas.*

Seis Reinos Ver samsara.

Semideus Ser do reino dos semideuses, o segundo reino mais elevado dos seis reinos do samsara (o mais elevado é o reino dos deuses). Os semideuses são semelhantes aos deuses, mas seus corpos, posses e ambientes são inferiores. Consultar *Caminho Alegre da Boa Fortuna.*

Ser senciente Qualquer ser que possua uma mente que está contaminada pelas delusões ou pelas marcas das delusões. Os termos "ser senciente" e "ser vivo" são, ambos, utilizados para fazer a distinção entre os seres cujas mentes estão contaminadas pelas duas obstruções (ou por uma delas) e os Budas, cujas mentes são completamente livres das duas obstruções.

Ser Superior "Arya" em sânscrito. Ser que possui uma realização direta da vacuidade. Existem Hinayanas superiores e Mahayanas superiores.

Shantideva (687–763) Grande erudito budista indiano e mestre de meditação. Escreveu *Guia do Estilo de Vida do Bodhisattva.* Consultar *Contemplações Significativas* e *Guia do Estilo de Vida do Bodhisattva.*

Solo/Solo espiritual Uma clara realização que atua como a base para muitas boas qualidades. Uma clara realização é uma realização mantida por renúncia espontânea ou bodhichitta espontânea. Os dez solos são as realizações dos Bodhisattvas Superiores. São eles: Muito Alegre, Imaculado, Luminoso, Radiante, Difícil de Ser Vencido, Aproximador, Muito Adiantado, Inamovível, Boa Inteligência e Nuvem de Dharma. Ver também caminho/caminho espiritual. Consultar *Oceano de Néctar*.

Sutra Coração Um dos diversos Sutras Perfeição de Sabedoria ensinados por Buda. Embora seja muito menor do que os demais *Sutras Perfeição de Sabedoria*, o *Sutra Coração* contém explícita ou implicitamente todo o seu significado. É também conhecido como *Sutra Essência da Sabedoria*. Para a leitura de sua tradução e comentário completo, consultar *Novo Coração de Sabedoria*.

Sutra Ensinamentos de Buda abertos para a prática de todos, sem necessidade de uma iniciação. Os ensinamentos de Sutra incluem os ensinamentos de Buda das Três Giradas da Roda do Dharma.

Sutras Vinaya Sutras nos quais Buda explica, principalmente, a prática de disciplina moral e, em particular, a disciplina moral pratimoksha.

Tantra Ver Mantra Secreto.

Terra Pura Ambiente puro onde não há verdadeiros sofrimentos. Existem muitas Terras Puras. Por exemplo: Tushita é a Terra Pura de Buda Maitreya; Sukhavati é a Terra Pura de Buda Amitabha; e a Terra Dakini, ou Keajra, é a Terra Pura de Buda Vajrayogini e Buda Heruka. Consultar *Viver Significativamente, Morrer com Alegria*.

Tradição Kadampa Escola budista Mahayana fundada pelo grande mestre budista indiano Atisha (982–1054). Seus seguidores, até a época de Je Tsongkapa, ficaram conhecidos como *Antigos Kadampas*; depois, passaram a ser chamados de *Novos Kadampas*. Ver também Kadampa.

Tranquilo-permanecer Concentração que possui o êxtase especial da maleabilidade física e mental, obtida na dependência da conclusão das nove permanências mentais. Consultar *Caminho Alegre da Boa Fortuna* e *Contemplações Significativas*.

Transferência de consciência "Powa" em tibetano. Uma prática para transferir a consciência para uma Terra Pura no momento da morte. Consultar *Viver Significativamente, Morrer com Alegria* e *Grande Tesouro de Mérito.*

Treino da mente Ver Lojong.

Três Joias Os três objetos de refúgio: Buda, Dharma e Sangha. São denominados jóias por serem raros e preciosos. Consultar *Caminho Alegre da Boa Fortuna.*

Vajrayana O veículo do Mantra Secreto.

Vajrayogini Deidade feminina do Tantra Ioga Supremo e a corporificação de êxtase e vacuidade indivisíveis. Ela é a mesma natureza que Heruka. Consultar *Novo Guia à Terra Dakini.*

Ventos/Ventos interiores Ventos sutis especiais relacionados à mente e que fluem através dos canais de nosso corpo. Nosso corpo e mente não podem funcionar sem esses ventos. *Consultar Budismo Moderno*, *Mahamudra-Tantra* e *Clara-Luz de Êxtase.*

Verdade última Natureza última de todos os fenômenos, vacuidade. Consultar *Novo Coração de Sabedoria.*

Vigilância Fator mental que é um tipo de sabedoria que examina nossas atividades de corpo, fala e mente e que reconhece se falhas estão se desenvolvendo ou não. Consultar *Como Entender a Mente.*

Visão errônea Percepção errônea intelectualmente formada que nega a existência de um objeto cuja compreensão é necessária para conquistarmos a libertação ou a iluminação. Um exemplo de visão errônea é negar a existência de seres iluminados, carma ou renascimento. Consultar *Caminho Alegre da Boa Fortuna.*

Visão superior Sabedoria especial que vê seu objeto claramente e é mantida pelo tranquilo-permanecer e por uma maleabilidade especial que é induzida por investigação. Consultar *Caminho Alegre da Boa Fortuna.*

Voto Determinação virtuosa de abandonar falhas específicas, que é gerada juntamente com um ritual tradicional. Os três conjuntos de votos são: os votos Pratimoksha de libertação individual, os votos do Bodhisattva e os votos do Mantra Secreto, ou tântricos. Consultar *O Voto do Bodhisattva* e *Solos e Caminhos Tântricos.*

Bibliografia

Venerável Geshe Kelsang Gyatso Rinpoche é um mestre de meditação e erudito altamente respeitado da tradição do Budismo Mahayana fundada por Je Tsongkhapa. Desde sua chegada ao Ocidente, em 1977, Venerável Geshe Kelsang Gyatso Rinpoche tem trabalhado incansavelmente para estabelecer o puro Budadharma no mundo inteiro. Durante esse tempo, deu extensos ensinamentos sobre as principais escrituras mahayana. Esses ensinamentos proporcionam uma exposição completa das práticas essenciais de Sutra e de Tantra do Budismo Mahayana.

Títulos disponíveis em português

Livros

Budismo Moderno. O caminho de compaixão e sabedoria. (3a edição, 2015)

Caminho Alegre da Boa Fortuna. O completo caminho budista à iluminação. (4a edição, 2010)

Como Solucionar Nossos Problemas Humanos. As Quatro Nobres Verdades. (4a edição, 2012)

Compaixão Universal. Soluções inspiradoras para tempos difíceis. (3a edição, 2007)

Contemplações Significativas. Como se tornar um amigo do mundo. (2009)

Como Entender a Mente. A Natureza e o Poder da Mente. (edição revista pelo autor, 2014. Edição anterior, com o título *Entender a Mente*, 2002)

Grande Tesouro de Mérito. Como confiar num Guia Espiritual. (2013)

Introdução ao Budismo. Uma explicação do estilo de vida budista. (6a edição, 2012)
Joia Coração. As práticas essenciais do Budismo Kadampa. (2004)
Mahamudra-Tantra. O supremo néctar da Joia-Coração. (2a edição, 2014)
Novo Coração de Sabedoria. Uma explicação do Sutra Coração. (edição revista pelo autor, 2013. Edição anterior, com o título *Coração de Sabedoria*, 2005)
Novo Guia à Terra Dakini. A prática do Tantra Ioga Supremo de Buda Vajrayogini. (edição revista pelo autor, 2015. Edição anterior, com o título *Guia à Terra Dakini*, 2001)
Novo Manual de Meditação. Meditações para tornar nossa vida feliz e significativa. (2a edição, 2009)
Oito Passos para a Felicidade. O caminho budista da bondade amorosa. (edição revista pelo autor, 2013. Edição anterior, com mesmo título, 2007)
Transforme sua Vida. Uma jornada de êxtase. (2a edição, 2014)
Viver Significativamente, Morrer com Alegria. A prática profunda da transferência de consciência. (2007)
O Voto do Bodhisattva. Um guia prático para ajudar os outros. (2a edição, 2005)

Sadhanas

Geshe Kelsang também supervisionou a tradução de uma coleção essencial de sadhanas, ou livretos de orações.

Caminho de Êxtase. A sadhana condensada de autogeração de Vajrayogini.
Caminho Rápido ao Grande Êxtase. A sadhana extensa de autogeração de Vajrayogini.
Cerimonia de Powa. Transferência de consciência de quem morreu.
Cerimônia de Refúgio Mahayana e Cerimônia do Voto Bodhisattva.

A Confissão Bodhisattva das Quedas Morais. A prática de purificação do *Sutra Mahayana dos Três Montes Superiores.*
Ioga da Dakini. A sadhana mediana de autogeração de Vajrayogini.
Essência da Boa Fortuna. Preces das seis práticas preparatórias para a meditação sobre as Etapas do Caminho à iluminação.
Festa de Grande Êxtase. Sadhana de autoiniciação de Vajrayogini.
Gota de Néctar Essencial. Uma prática especial de jejum e de purificação em associação com Avalokiteshvara de Onze Faces.
A Grande Mãe. Um método para superar impedimentos e obstáculos pela recitação do *Sutra Essência da Sabedoria* (o *Sutra Coração*).
O Ioga de Avalokiteshvara de Mil Bracos. Sadhana de autogeração.
O Ioga de Buda Amitayus. Um método especial para aumentar tempo de vida, sabedoria e mérito.
O Ioga de Buda Heruka. A breve sadhana de autogeração do mandala de corpo de Heruka & Ioga Condensado em Seis Sessões.
O Ioga de Buda Maitreya. Sadhana de autogeração.
O Ioga de Buda Vajrapani. Sadhana de autogeração.
O Ioga da Grande Mãe Prajnaparamita. Sadhana de autogeração.
O Ioga Incomum da Inconceptibilidade. A instrução especial sobre como alcançar a Terra Pura de Keajra com este corpo humano.
O Ioga da Mãe Iluminada Arya Tara. Sadhana de autogeração.
O Ioga de Tara Branca, Buda de Longa Vida.
Joia-Coração. O Guru-Ioga de Je Tsongkhapa associado à sadhana condensada de seu Protetor do Dharma.
Joia-que-Satisfaz-os-Desejos. O Guru-Ioga de Je Tsongkhapa associado com a sadhana de seu Protetor do Dharma.

Libertação da Dor. Preces e pedidos às 21 Taras.
Manual para a Prática Diária dos Votos Bodhisattva e Tântricos.
Meditação e Recitação de Vajrasattva Solitário.
Melodioso Tambor Vitorioso em Todas as Direções. O ritual extenso de cumprimento e de renovação de compromissos com o Protetor do Dharma, o grande rei Dorje Shugden, juntamente com Mahakala, Kalarupa, Kalindewi e outros Protetores do Dharma.
Oferenda ao Guia Espiritual (Lama Chopa). Uma maneira especial de confiar no Guia Espiritual.
Paraíso de Keajra. O comentário essencial à prática do *Ioga Incomum da Inconceptibilidade*.
Prece do Buda da Medicina. Um método para beneficiar os outros.
Preces para Meditação. Preces preparatórias breves para meditação.
Preces pela Paz Mundial.
Sadhana de Avalokiteshvara. Preces e pedidos ao Buda da Compaixão.
Sadhana do Buda da Medicina. Um método para obter as aquisições do Buda da Medicina.
O Tantra-Raiz de Heruka e Vajrayogini. Capítulos Um e Cinquenta e Um do Tantra-Raiz Condensado de Heruka.
Tesouro de Sabedoria. A sadhana do Venerável Manjushri.
Vida Pura. A prática de tomar e manter os Oito Preceitos Mahayana.

Os livros e sadhanas de Geshe Kelsang Gyatso podem ser adquiridos nos Centros Budistas Kadampa e Centros de Meditação Kadampa e suas filiais. Você também pode adquirilos diretamente pelo site da Editora Tharpa Brasil (ver *Escritórios da Editora Tharpa no Mundo*, na página 197).

Programas de Estudo do Budismo Kadampa

O Budismo Kadampa é uma escola do Budismo Mahayana fundada pelo grande mestre budista indiano Atisha (982-1054). Seus seguidores são conhecidos como "Kadampas": "Ka" significa "palavra" e refere-se aos ensinamentos de Buda, e "dam" refere-se às instruções especiais de Lamrim ensinadas por Atisha, conhecidas como "as Etapas do Caminho à iluminação". Integrando o conhecimento dos ensinamentos de Buda com a prática de Lamrim, e incorporando isso em suas vidas diárias, os budistas kadampas são incentivados a usar os ensinamentos de Buda como métodos práticos para transformar atividades diárias em caminho à iluminação. Os grandes professores kadampas são famosos não apenas por serem grandes eruditos, mas também por serem praticantes espirituais de imensa pureza e sinceridade.

A linhagem desses ensinamentos, tanto sua transmissão oral como suas bênçãos, foi passada de mestre a discípulo e se espalhou por grande parte da Ásia e, agora, por diversos países do mundo ocidental. Os ensinamentos de Buda, conhecidos como "Dharma", são comparados a uma roda que gira, passando de um país a outro segundo as condições e tendências cármicas de seus habitantes. As formas externas de se apresentar o Budismo podem mudar de acordo com as diferentes culturas e sociedades, mas sua autenticidade essencial é assegurada pela continuidade de uma linhagem ininterrupta de praticantes realizados.

O Budismo Kadampa foi introduzido no Ocidente em 1977 pelo renomado mestre budista Venerável Geshe Kelsang Gyatso Rinpoche. Desde então, ele vem trabalhando incansavelmente para expandir o Budismo Kadampa por todo o mundo, dando extensos ensinamentos, escrevendo textos profundos sobre o Budismo Kadampa e fundando a Nova Tradição Kadampa-União Budista Kadampa Internacional (NKT–IKBU), que hoje congrega mais de mil Centros Budistas e grupos kadampa em todo o mundo. Esses centros oferecem programas de estudo sobre a psicologia e a filosofia budistas, instruções para meditar e retiros para todos os níveis de praticantes. A programação enfatiza a importância de incorporarmos os ensinamentos de Buda na vida diária, de modo que possamos solucionar nossos problemas humanos e propagar paz e felicidade duradouras neste mundo.

O Budismo Kadampa da NKT–IKBU é uma tradição budista totalmente independente e sem filiações políticas. É uma associação de centros budistas e de praticantes que se inspiram no exemplo e nos ensinamentos dos mestres kadampas do passado, conforme a apresentação feita por Venerável Geshe Kelsang Gyatso Rinpoche.

Existem três razões pelas quais precisamos estudar e praticar os ensinamentos de Buda: para desenvolver nossa sabedoria, cultivar um bom coração e manter a paz mental. Se não nos empenharmos em desenvolver nossa sabedoria, sempre permaneceremos ignorantes da verdade última – a verdadeira natureza da realidade. Embora almejemos felicidade, nossa ignorância nos faz cometer ações não virtuosas, a principal causa do nosso sofrimento. Se não cultivarmos um bom coração, nossa motivação egoísta destruirá a harmonia e tudo o que há de bom nos nossos relacionamentos com os outros. Não teremos paz nem chance de obter felicidade pura. Sem paz interior, a paz exterior é impossível. Se não mantivermos um estado mental apaziguado, não conseguiremos ser felizes, mesmo que estejamos desfrutando de condições ideais. Por outro lado, quando nossa mente está em paz, somos felizes ainda que as condições exteriores sejam ruins. Portanto, o desenvolvimento dessas qualidades é da maior importância para nossa felicidade diária.

Venerável Geshe Kelsang Gyatso Rinpoche, ou "Geshe-la", como é carinhosamente chamado por seus discípulos, organizou três programas espirituais especiais para o estudo sistemático e a prática do Budismo Kadampa. Esses programas são especialmente adequados para a vida moderna – o Programa Geral (PG), o Programa Fundamental (PF) e o Programa de Formação de Professores (PFP).

PROGRAMA GERAL

O Programa Geral (PG) oferece uma introdução básica aos ensinamentos, à meditação e à prática budistas, e é ideal para iniciantes. Também inclui alguns ensinamentos e práticas mais avançadas de Sutra e de Tantra.

PROGRAMA FUNDAMENTAL

O Programa Fundamental (PF) oferece uma oportunidade de aprofundar nossa compreensão e experiência do Budismo por meio do estudo sistemático de seis textos:

1. *Caminho Alegre da Boa Fortuna* – um comentário às instruções de Lamrim, as Etapas do Caminho à iluminação, de Atisha.
2. *Compaixão Universal* – um comentário ao Treino da Mente em Sete Pontos, do Bodhisattva Chekhawa.
3. *Oito Passos para a Felicidade* – um comentário às Oito Estrofes do Treino da Mente, do Bodhisattva Langri Tangpa.
4. *Novo Coração de Sabedoria* – um comentário ao Sutra Coração.
5. *Contemplações Significativas* – um comentário ao Guia do Estilo de Vida do Bodhisattva, escrito pelo Venerável Shantideva.

6. *Como Entender a Mente* – uma explicação detalhada da mente, com base nos trabalhos dos eruditos budistas Dharmakirti e Dignaga.

Os benefícios de estudar e de praticar estes textos são:

(1) Caminho Alegre da Boa Fortuna – obtemos a habilidade de colocar em prática todos os ensinamentos de Buda: de Sutra e de Tantra. Podemos facilmente fazer progressos e concluir as etapas do caminho à felicidade suprema da iluminação. Do ponto de vista prático, o Lamrim é o corpo principal dos ensinamentos de Buda, e todos os demais ensinamentos são como seus membros.

(2) e (3) Compaixão Universal e Oito Passos para a Felicidade – obtemos a habilidade de incorporar os ensinamentos de Buda em nossa vida diária e de solucionar todos os nossos problemas humanos.

(4) Novo Coração de Sabedoria – obtemos a realização da natureza última da realidade. Por meio dessa realização, podemos eliminar a ignorância do agarramento ao em-si, que é a raiz de todos os nossos sofrimentos.

(5) Contemplações Significativas – transformamos nossas atividades diárias no estilo de vida de um Bodhisattva, tornando significativo cada momento de nossa vida humana.

(6) Como Entender a Mente – compreendemos a relação entre nossa mente e seus objetos exteriores. Se entendermos que os objetos dependem da mente subjetiva, poderemos mudar a maneira como esses objetos nos aparecem, por meio de mudar nossa própria mente. Aos poucos, vamos adquirir a habilidade de controlar nossa mente e de solucionar todos os nossos problemas.

PROGRAMA DE FORMAÇÃO DE PROFESSORES

O Programa de Formação de Professores (PFP) foi concebido para as pessoas que desejam treinar para se tornarem autênticos professores de Dharma. Além de concluir o estudo de quatorze textos de Sutra e de Tantra (e que incluem os seis textos acima citados), o estudante deve observar alguns compromissos que dizem respeito ao seu comportamento e estilo de vida e concluir um determinado número de retiros de meditação.

Todos os Centros Budistas Kadampa são abertos ao público. Celebramos Festivais e Celebrações Nacionais e Internacionais, nos quais pessoas do mundo inteiro reúnem-se para receber ensinamentos e iniciações, e desfrutar de férias espirituais. Por favor, sinta-se à vontade para nos visitar a qualquer momento!

Para mais informações:

Centro de Meditação Kadampa Brasil
www.budismokadampa.org.br

Centro de Meditação Kadampa Mahabodhi
www.meditadoresurbanos.org.br

Escritórios da Editora Tharpa no Mundo

Atualmente, os livros da Editora Tharpa são publicados em inglês (americano e britânico), chinês, francês, alemão, italiano, japonês, português e espanhol. Os livros na maioria desses idiomas estão disponíveis em qualquer um dos escritórios da Editora Tharpa listados abaixo.

Inglaterra
Tharpa Publications UK
Conishead Priory
Ulverston, Cumbria, LA12 9QQ, UK
Tel: +44 (0)1229-588599
Fax: +44 (0)1229-483919
Web: www.tharpa.com/uk/
E-mail: info.uk@tharpa.com

Estados Unidos
Tharpa Publications USA
47 Sweeney Road
Glen Spey, NY, 12737, USA
Tel: +1 845-856-5102
Toll-free: 888-741-3475
Fax: +1 845-856-2110
Web: www.tharpa.com/us/
E-mail: info.us@tharpa.com

África do Sul
c/o Mahasiddha Kadampa Buddhist Centre
2 Hollings Road, Malvern

Durban, 4093, Rep. Of South Africa
Tel : +27 31 464 0984
Web: www.tharpa.com/za/
E-mail: info.za@tharpa.com

Alemanha
Tharpa Verlag (Zweigstelle Berlin)
Sommerswalde 8
16727 Oberkrämer ot Schwante, Germany
Tel: +49 (0)33055 222135
Fax : +49 (0) 33055 222139
Web: www.tharpa.com/de/
E-mail: info.de@tharpa.com

Austrália
Tharpa Publications Australia
25 McCarthy Road
PO Box 63
Monbulk, Vic 3793
Australia
Tel: +61 (3) 9752-0377
Web: www.tharpa.com/au/
E-mail: info.au@tharpa.com

Brasil
Editoria Tharpa Brasil
Rua Artur de Azevedo 1360
Pinheiros
05404-003 - São Paulo, SP
Brasil
Tel: +55 (11) 3476-2330
Web: www.tharpa.com.br
E-mail: contato.br@tharpa.com

Canadá
Tharpa Publications Canada
631 Crawford Street
Toronto, ON
M6G 3K1, Canada
Tel: +1 (416) 762-8710

Toll-free: 866-523-2672
Fax: +1 (416) 762-2267
Web: www.tharpa.com/ca/
E-mail: info.ca@tharpa.com

Espanha
Editorial Tharpa España
Camino Fuente del Perro s/n
29120 Alhaurín El Grande (Málaga)
España
Tel.: +34 952 596808
Fax: +34 952 490175
Web: www.tharpa.com/es/
E-mail: info.es@tharpa.com

França
Editions Tharpa
Château de Segrais
72220 Saint-Mars-D'outillé, France
Tél : +33 (0)2 43 87 71 02
Fax : +33 (0)2 76 01 34 10
Web: www.tharpa.com/fr/
E-mail: info.fr@tharpa.com

Hong Kong
Tharpa Asia
2nd Floor, 21 Tai Wong St. East, Wanchai,
Hong Kong
Tel: +852 25205137
Fax: +852 25072208
Web: www.tharpa.com/hk-cht/
E-mail: info.hk@tharpa.com

Japão
Tharpa Japan
Dai 5 Nakamura Kosan Biru #501,
Shinmachi 1-29-16, Nishi-ku,
Osaka, 550-0013
Japan
Tel/Fax : +81 6-6532-7632

Web: www.tharpa.com/jp/
E-mail: info.jp@tharpa.com

México
Enrique Rébsamen No 406,
Col. Narvate, entre Xola y
Diagonal de San Antonio,
C.P. 03020,
México D.F., México
Tel: +01 (55) 56 39 61 86
Tel/Fax: +01 (55) 56 39 61 80
Web: www.tharpa.com/mx/
Email: tharpa@kadampa.org/mx

Suiça
Tharpa Verlag
Mirabellenstrasse 1
CH-8048 Zurich
Schweiz
Tel: +41 44 401 02 20
Fax: +41 44 461 36 88
Web: www.tharpa.com/ch/
E-mail: info.ch@tharpa.com

Projeto Internacional de Templos

O Projeto Internacional de Templos foi fundado por Venerável Geshe Kelsang Gyatso com o objetivo de apresentar, publicamente, a fé e a prática budista da Nova Tradição Kadampa, assim como para dar exemplo da prática budista contemporânea por meio de serviço público.

Esse objetivo é alcançado por meio da construção de Templos (tanto tradicionais quanto não tradicionais), Centros de Meditação, Centros de Retiro e também pelas atividades das Escolas Kadampa, Cafés pela Paz Mundial e Editoras Tharpa.

O lucro recebido com a venda deste livro será direcionado ao Fundo Projeto Internacional de Templos da NTK-UBKI, de acordo com as diretrizes que constam em *O Manual do Dinheiro* [Reg. Charity number 1015054 (England)]. *Uma Instituição Beneficente Budista, Construindo pela Paz Mundial.*

TEMPLO KADAMPA PELA PAZ MUNDIAL
NO CENTRO DE MEDITAÇÃO KADAMPA BRASIL, CABREÚVA, BRASIL
UM DOS MUITOS TEMPLOS KADAMPA FUNDADOS PELO AUTOR.

Para mais informações sobre o Projeto Internacional de Templos, visite **www.kadampa.org/temples**

Índice Remissivo

A letra "g" indica que consta no glossário